D1618692

Seite 1:
Annette Schavan in
ihrem Lieblingscafé,
dem jüdischen „Beth-
Café" in Berlin-Mitte

Vorlesetag in einer
Grundschule in Berlin

Auf dem Dach
des öster-
reichischen
Hospizes in
Jerusalem

Auf dem Gipfel der
Zugspitze

Annette Schavan mit Kurienkardinal Walter Kasper in seinem
Heimatort Wangen im Allgäu bei seinem Priesterjubiläum

Annette Schavan

Gott ist größer, als wir glauben

Visionen für Kirche und Welt

benno

INHALT

VORWORT

Wie kaum eine andere Politikerin wird Annette Schavan mit Glaube und Politik in Verbindung gebracht. Wie betet eine Ministerin? Was muss eine Politikerin beichten? Darüber spricht sie sehr persönlich und zugleich politisch. Der vorliegende Text ist das Ergebnis mehrerer Gespräche und eines intensiven Austauschs zwischen Annette Schavan und dem Herausgeber. Der Text endet mit ihrem „Traum", der ganz konkrete Anliegen an die Kirche formuliert, aber vor allem mit der Gewissheit schließt: „Gott ist größer, als wir glauben".

Annette Schavan war schon Vizepräsidentin des Zentralkomitees der deutschen Katholiken (ZdK), bevor sie 1995 Kultusministerin in Baden-Württemberg wurde. Heute ist sie Mitglied des Deutschen Bundestages, als Bundesministerin für Bildung und Forschung Mitglied im Bundeskabinett und Vize-Vorsitzende der CDU. Ihr kirchliches Engagement ist von ihrer öffentlichen und politischen Arbeit nicht zu trennen. Sie gilt gleichsam als Brückenbauerin zwischen den Welten. Das führt auch zu Konflikten. Besonders deutlich wurde das öffentlich in der Debatte um die embryonale Stammzellforschung. In einer heftigen Auseinandersetzung mit einigen Bischöfen wurde ihr vorgeworfen, die katholische Lehre verlassen zu haben. Annette Schavan nimmt in diesem Buch erstmals ausführlich und sehr persönlich Stellung. Sie plädiert dafür, dass die Kirche das Politische nicht aus Angst vor Auseinandersetzung und Kompromiss aufgeben soll. Sie warnt davor, dass die Politik die Kirche aus Furcht vor zu viel Grundsätzlichem vergessen könnte. Sie spricht über die kulturprägende Kraft des Christentums, über vielfältige Ausprägungen von Spiritualität und die Kunst des Politischen.

Annette Schavan erzählt von ihrer katholischen Sozialisation, von ihrer Prägung in der kirchlichen Welt des Rheinlandes, von christlichen Persönlichkeiten, die sie beeinflusst haben. Sie beschreibt das Stundengebet als ihre persönliche Weise des Betens und des Umgangs mit Zeit, um im politischen Alltag Inseln der Besinnung zu schaffen. Sie beschäftigt sich mit dem Vorwurf, die CDU vernachlässige zunehmend das Christliche, und findet, dass das „C" im Parteinamen der CDU nicht gleichgesetzt werden darf mit „konservativ". Der christliche Glaube ist für sie immer auch ein Impuls für Aufbruch und Erneuerung. Sie ist davon überzeugt, dass in unserer pluralen Gesellschaft und Kultur über Werte da am überzeugendsten gesprochen wird, wo sie gelebt werden.

Annette Schavan setzt sich in ihrem Ministeramt für gute Bildung und starke Forschung ein, um die Zukunftsfähigkeit Deutschlands zu sichern, so formuliert sie es. Doch rein technokratische und materialistische Politikentwürfe überzeugen sie dabei nicht. Vielmehr müsse die Verbindung zu den Wertgrundlagen unseres Gemeinwesens hergestellt werden. 45 Jahre nach dem Abschluss des 2. Vatikanischen Konzils plädiert sie abermals für eine Öffnung der Kirche und auch der Gläubigen zu einem besseren Verständnis der „Zeichen der Zeit", für ein wachsames Interesse „am Öffentlichen" und für eine kritische Zeitgenossenschaft.

Volker Resing, August 2010

POLITIK UND GLAUBE –
ABSEITS DER SONNTAGSREDEN

*Sobald ihr im Westen Wolken
aufsteigen seht, sagt ihr: Es gibt
Regen. Und es kommt so.
Und wenn der Südwind weht, dann
sagt ihr: Es wird heiß.
Und es trifft ein.
Ihr Heuchler! Das Aussehen der
Erde und des Himmels könnt ihr
deuten. Warum könnt ihr dann die
Zeichen dieser Zeit nicht deuten?
Warum findet ihr nicht schon von
selbst das rechte Urteil?*

Lk 12,54–57

Wie betet ein Politiker, wie beten Sie?

In meinen ersten Berufsjahren im Cusanuswerk habe ich begonnen, mein persönliches Beten mit dem Stundengebet der Kirche zu verbinden. Ich bete die Laudes am Morgen und die Vesper oder Komplet am Abend. Das ist eine gute Verbindung zwischen persönlicher Fürbitte, der Psalmenlesung, dem Schriftimpuls und den traditionsreichen Gebeten der Kirche wie dem Vater unser, dem Benedictus und dem Magnificat. Eigene Anliegen sind darin aufgenommen in eine jahrtausendealte Gebetstradition der Psalmen, in denen alle menschlichen Erfahrungen und Gefühle vorkommen: Dankbarkeit und Freude, Angst und Skepsis, Glaube und Zweifel, Lob und Klage. Da ich viel unterwegs bin, auch zwischen verschiedenen Wohnsitzen, gehöre ich seit Jahren nicht mehr zu denjenigen, die in einer Kirchengemeinde fest verankert sind. Umso mehr bedeutet es mir, zu einer Gebetsgemeinschaft zu gehören, die das Stundenbuch liest, meditiert und betet. Das geht auch unterwegs und schafft am Tagesanfang und am Abend – auch zu später Stunde – Stabilität. Beten braucht Regelmäßigkeit. Zum Beten gehört auch das Schweigen vor Gott, die Erfahrung der Hilflosigkeit und Sprachlosigkeit. Auch dafür muss Zeit sein. Wo Zeit die kostbarste Ressource ist, sind solche Zeiten besonders wichtig. Das gilt übrigens auch dann, wenn die Konzentration schwer fällt, die Texte eher mechanisch gelesen werden und ich in Gefahr bin, an vieles andere zu denken. Und doch ist auch dann die Gebetszeit an einem durch viele Termine durchgeplanten Tag die Zeit, über die ich frei verfüge. Das ist eine gute Erfahrung. Seit ich in der Politik bin, gilt das ganz besonders.

Haben Sie eigentlich schon einmal ganz persönlich gebetet, Gott möge Ihnen helfen, eine Wahl zu gewinnen oder eine Auseinandersetzung zu bestehen?

Karl Rahner hat einmal gesagt: „Beten wir nur, indem wir kleine, in unseren Sorgen vergrabene Bettler Gottes sind?" – Natürlich bete ich auch für gutes Gelingen und um Kraft in Auseinandersetzungen. Aber beten ist kein Ersatz für eigene Anstrengungen und auch keine Art Glücksbringer. Wenn Menschen das, was sie meinen, so gut sagen, wie sie es können, dann beten sie – diese Beschreibung von Dorothee Sölle gefällt mir. Und in solches Beten ist vor allem die Fürbitte für andere einbezogen. Ich bin davon überzeugt, Gott ist größer als wir glauben. Vor seiner Größe und unserem Unvermögen, seine Größe zu erfassen, habe ich Respekt.

Mussten Sie schon einmal politische Sünden beichten?

„Politische Sünde" bedeutet für mich, jemandem etwas schuldig geblieben zu sein. Wenn Politik bedeutet, ein „Gewissen für das Ganze" zu haben, dann bleibt bei vielen Entscheidungen am Ende auch die Erkenntnis, manchmal auch nur die Ahnung, nicht allem ausreichend Rechnung getragen zu haben, was zu berücksichtigen ist. Politik meint auch, Stellung gegen etwas zu beziehen, Position zu ergreifen, die nicht schon alle relevante Wirklichkeit aufnimmt. Dafür muss ich Gründe nennen können. Die Entscheidung ist darum nicht falsch. Dennoch bleiben auch andere Positionen richtig. Güterabwägung bleibt eine Konstante im politischen Entscheidungsprozess. Beichten meint dann für mich die Selbstvergewisserung, ob ich genügend gewissenhaft abgewogen habe und die Gewissheit, dass es bei anderen auch Enttäuschung über eben diese Entscheidung gibt. Natürlich hat mich die Frage beschäftigt, ob ich den religiösen Gefühlen einer Muslima, die Lehrerin ist, gerecht werden konnte, als ich entschieden habe, dass ihr Kopftuch in der Schule auch ein politisches Symbol sei, das dort nicht hingehört. Dennoch finde ich diese Entscheidung richtig.

Was macht die ganze Dimension des Glaubens in der Politik aus? Moralische Richtschnur oder mehr?
Eindeutig mehr! Die ganze Dimension des Glaubens in der Politik erweist sich vor allem anderen im Selbstbewusstsein des Politikers und der Politikerin als einem glaubenden Menschen. Das hat eine persönliche und eine programmatische Dimension. Es betrifft die Überzeugung, Gott als den Ursprung des Lebens, auch des eigenen Lebens, anzuerkennen. Zum Kern einer christlichen Existenz gehört der Widerspruch gegenüber jeder Verurteilung des Menschen zum endgültigen Scheitern. Es ist nicht schon diese und jene Aktivität, die uns auszeichnet und die das Proprium eines christlichen Ethos ausmacht. Es ist die Botschaft von Karfreitag bis Ostern, die Christen und Christinnen in ihrem Verhältnis zu Gott und den

Menschen prägt. Mein Lehrer, Franz Böckle, hat es so formuliert: „Im Blick auf Karfreitag und Ostern sieht der Christ den Grund seiner Hoffnung. Der Glaube an die Durchbrechung der Schranke des Todes macht ihn frei zu einem Leben gegen reine Selbstbehauptung, deren Wahrheit der Tod ist." Erfülltes Leben in solchem Verständnis macht unabhängig von ständigem Konkurrenzdenken und ängstlicher Selbstbehauptung.

Welche Haltung erwächst daraus?

Dialog und Begegnung sind die Grundsäulen einer christlichen Existenz. Christliche Überzeugung geht von einer Bindung des Menschen an Gott aus, die auf neue Weise Freiheit und innere Unabhängigkeit schafft. Sie ist eine freiheitsbewusste Existenz. Die österliche Botschaft schärft den Blick für alles Lebendige. Sie schafft neue Lebensräume und begründet Gelassenheit. Christen und Christinnen begegnen der Zeit, in der sie leben und gestalten, nicht mit fertigen Antworten auf alle Fragen, nicht mit Lösungen für alle Probleme, nicht mit simplen Rezepten für Glück und Heil. Sie sind davon überzeugt, dass Gott in Jesus Christus Mensch geworden ist und sich auf menschliches Leben in einem unerhörten Akt der Solidarität einlässt. Er hat das Beispiel für eine kritische und solidarische Zeitgenossenschaft gegeben. Für Christen und Christinnen bleibt das der Auftrag. Christliche Existenz erschöpft sich daher nicht als Privatangelegenheit. Sie schließt die ernsthafte Beschäftigung mit der jeweiligen Zeit und Kultur ein. Am Anfang steht diese Hal-

tung: Bereitschaft zu kritischer und solidarischer
Zeitgenossenschaft.

**Im Hinblick auf die Politik scheint das aber sehr
optimistisch, kein Konkurrenzdenken, nur Solidarität? Wie realistisch ist das?**
Konkurrenz ist eine politische Realität. Politik lebt
vom Wettbewerb der Ideen und Konzepte. Dazu
gehören auch Zuspitzung und Widerspruch. Politik bedeutet immer auch Kampf – um die Durchsetzung der als richtig erkannten Ideen, um
Mehrheiten und Akzeptanz. Das ändert aber
nichts an der beschriebenen Grundhaltung: Konkurrenz hat nicht das letzte Wort, bestimmt nicht

In einer Grundschule in Berlin-Kreuzberg, 2008

zwangsläufig das Selbstverständnis, zumal kein Mensch nur Politiker bzw. Politikerin ist. Im Übrigen lebt Politik von erworbenem Vertrauen.

Wird die CDU diesen hohen Ansprüchen gerecht. Einige sprechen vom „Verrat" am „C"?

Der Vorwurf, dass wir in der CDU hinter unseren selbstgesteckten Ansprüchen zurückbleiben, stimmt ebenso wie die Erfahrung, dass Christen generell in allem, was sie tun, nur „Stückwerk" leisten. Das „C" im Parteinamen ist ja eben nicht gleichbedeutend mit dem Anspruch, eine Deutungshoheit über das Christentum zu haben und alles richtig zu machen. Das „C" ist immer auch Stachel im Fleisch der Partei, Provokation und Ärgernis – wie Heiner Geissler einmal gesagt hat. Wir lassen uns daran messen, in aller Unvollkommenheit und im Wissen um Schuld, Sünde und Irrtum. Der Verrat wird allerdings nicht selten an Sachentscheidungen festgemacht, die für falsch gehalten werden. Nato-Doppelbeschluss, Auslandseinsätze der Bundeswehr, Asylrecht, Kernkraft, grüne Gentechnik, Familienpolitik, Lebensschutzfragen – das erinnert an große strittige Debatten. Christen haben bei gleichen Grundüberzeugungen in damit verbundenen Sachfragen unterschiedliche Auffassungen. Davon spricht übrigens schon das Zweite Vatikanische Konzil. Von Verrat sollte also nicht schon reden, wer in der Sache zu anderen Ergebnissen kommt. Verrat unterstellt die willentliche Abkehr von Grundüberzeugungen.

Das „Christliche" aber scheint einigen politisch beliebig zu werden, treibt Sie diese Sorge auch bisweilen um?

Das Christentum ist im Laufe seiner 2000-jährigen Geschichte vielfach in Anspruch genommen worden für Krieg und Gewalt. Im Namen des Kreuzes sind Christen in Schlachten gezogen und haben Gräueltaten begangen. Denken wir nur an die Konfessionskriege. Im Namen der Wahrheit wurden Menschen gedemütigt, verurteilt und auf Scheiterhaufen gebracht. Die Würde von Menschen wurde mit Füßen getreten, Wissenschaftler sind für ihre Erkenntnisse im Kerker gelandet. Die Menschenrechte hat die Kirche erst im letzten Jahrhundert anerkannt. Die Geschichte des Christentums ist eine Geschichte großer geistlicher Aufbrüche, eines Franziskus, Dominikus, Benedikt und anderer. Ebenso ist sie auch eine Geschichte der Irrungen und Verwirrungen, weil das Christentum instrumentalisiert wurde für Auseinandersetzungen, die nichts mit der Botschaft Jesu zu tun haben. Natürlich besteht heute die Gefahr der Beliebigkeit und einer Grundhaltung, bei der jeder sich an der christlichen Botschaft herauspickt, was gerade gut passt. Vor allem kommt dieser Vorwurf heute auf, wenn neue Impulse gesetzt werden, die aus der bisherigen Tradition nicht bekannt sind. Und manchmal meinen wir schon Beliebigkeit festzustellen, wenn Anderes Gültigkeit beansprucht als in den 50er und 60er Jahren, als die Volkskirche in Deutschland eine Renaissance erlebt hat, die auch auf den schrecklichen Erfahrungen mit der

Nazibarberei basierte. Die Zeit nach dem 2. Vatikanum hat eine größere Vielfalt und einen neuen Schub an Interkulturation des Katholizismus in einer globalen Welt ermöglicht. Das war eine gute Entwicklung, wenngleich auch mit unterschiedlichen Bewertungen in der Geschichte der Rezeption. Damals wie heute gilt: Auf das Christentum sollten wir uns nicht schon dann beziehen, wenn wir einfach nur in der Sache Recht behalten wollen. Beliebigkeit und Rechthaberei schenken sich in mancher Auseinandersetzung unter Christen nichts.

Wie kann die Kirche wieder politikfähiger werden? Mit mehr Pluralität oder mit mehr Profil?

Von Erwin Teufel, dem früheren Ministerpräsidenten von Baden-Württemberg, habe ich oft den Satz gehört: „Politik beginnt mit dem Betrachten der Wirklichkeit." Meistens sagte er das in Situationen, in denen wir im Kabinett oder im Parlament in der Gefahr waren, uns die Welt gerade so zu denken, wie es uns gut passte. Der Satz war auch eine Art Mahnung, Respekt vor der Wirklichkeit zu haben. Ohne diesen Respekt lässt sie sich nicht verändern. Respekt meint, die Realitäten verstehen zu wollen, Zeichen der Zeit zu erkennen und darauf hin – auch verändernd – gestalten zu wollen. Dieser Wille gehört auch zur Politikfähigkeit der Kirche. Wenn am Beginn nur die Alternative steht, mehr Pluralität oder mehr Profil, dann bleibt die Kirche bei sich und wird sich den Vorwurf einholen, vor allem mit sich beschäftigt zu sein. Dann riskiert sie auch, in ihrer Botschaft ungehört zu bleiben.

Was genau hat das 2. Vatikanische Konzil ihrer Meinung nach gebracht?

Bei mir hat sich ein Wort von Papst Johannes XXIII. tief eingeprägt, das er zur Eröffnung des Konzils gesagt hat: „In der täglichen Ausübung meines Hirtenamtes verletzt es uns, wenn wir manchmal Vorhaltungen von Leuten anhören müssen, die zwar voll Eifer, aber nicht gerade mit einem sehr großen Sinn für Differenzierung und Takt begabt sind. In der jüngsten Vergangenheit bis zur Gegenwart nehmen sie nur Missstände und Fehlentwicklungen zur Kenntnis. Sie sagen, dass unsere Zeit sich im Vergleich zur Vergangenheit nur zum Schlechteren hin entwickle. Sie tun so, als ob sie nichts aus der Geschichte gelernt hätten, die doch eine Lehrmeisterin des Lebens ist, und als ob bei den vorangegangen Konzilen Sinn und Geist des Christentums, gelebter Glaube und eine gerechte Anwendung der Freiheit der Religion sich in allem hätten durchsetzen können. Wir müssen diesen Unglückspropheten widersprechen, die immer nur Unheil voraussagen, als ob der Untergang der Welt unmittelbar bevorstünde." Für mich verbindet sich mit dem 2. Vatikanischen Konzil eine Sternstunde der katholischen Kirche im 20. Jahrhundert. Die Versuchung war damals so groß wie heute, angesichts von rasanter Veränderungsdynamik mit Zukunftspessimismus zu antworten und kirchlicherseits vorwiegend Verfallsgeschichte zu erkennen. Mit dem 2. Vatikanischen Konzil verpflichtete der Papst die Kirche darauf, die Zeichen der Zeit im Lichte des Evangeliums zu erkennen und sie als für ihr

Selbstverständnis und ihr Handeln aufschlussreiche Tatsachen zu bewerten. In seiner Enzyklika „Pacem in terris" (1963) hatte er die „Zeichen der Zeit" zur strukturierenden Leitidee gemacht und dabei vor allem drei genannt: den Aufstieg der Arbeiterklasse, die Emanzipation der Frauen und das Freiheitsstreben der Kolonialvölker. Mit Zeichen der Zeit waren aber nicht punktuelle Ereignisse oder vorübergehende Entwicklungen gemeint, sondern solche, die zivilisatorische Veränderungen bewirken. So stelle ich mir auch heute das Profil und die Politikfähigkeit der Kirche vor: „Zeichen der Zeit" erkennen zu wollen, ohne Angst vor Profilverlust zu haben, die Geschichte als Lehrmeisterin des Lebens zu achten und Orientierung für Veränderung zu geben in dem Bewusstsein, dass, wer sich selbst treu bleiben will, sich wandeln muss.

Was sind solche „Zeichen der Zeit" heute?
Zu den Zeichen der Zeit gehören heute ganz gewiss die Globalisierung und die Digitalisierung. Damit verbundene Prozesse bewirken zivilisatorische Veränderungen. Sie sind keine vorübergehenden Phänomene. Wie sehr Gesellschaften in einer globalen Welt voneinander abhängig sind, hat zuletzt die Finanzkrise deutlich gemacht. Die vielzitierte Nervosität von Märkten ist keine national begrenzte Reaktion. Die Überschuldung einzelner Mitgliedstaaten in der EU, die in Zahlungsunfähigkeit zu münden droht, betrifft alle in der Euro-Zone. Der drohende Zusammenbruch sogenannter systemrelevanter Banken in den USA oder

anderswo hat internationale Auswirkungen. Finanzmarktregeln müssen international anerkannt werden, wenn sie wirksam sein sollen. Eine globale Welt schafft ein bislang nicht gekanntes Maß an Mobilität, verändert Arbeitswelten und Unternehmenskulturen. Mitarbeiter in Unternehmen machen die Erfahrung, dass es ihnen nicht schon dann gut geht, wenn es ihrem Unternehmen gut geht. Das Ziel der internationalen Wettbewerbsfähigkeit kann dazu führen, dass trotz guter Ertragslage Arbeitsplätze abgebaut werden, um noch höhere Erträge zu erwirtschaften. Das hat Konsequenzen für die Weiterentwicklung der katholischen Soziallehre bzw. Christliche Gesellschaftslehre. Die Öffnung der Wirtschaft hin auf einen europäischen Markt wirft Fragen nach der Wettbewerbsfähigkeit von Löhnen auf und trägt Debatten in nationale Gesellschaften, die in Zeiten der Dominanz von Nationalstaaten keine Rolle gespielt haben. Die Globalisierung schärft zudem den Blick für Aufgaben, die nur international bewältigt werden können. Dazu gehören der Klimawandel und der damit verbundene notwendige Umbau der Energieversorgung ebenso wie die zunehmend prekäre Lage der Welternährung. In dem Maße, in dem die Weltbevölkerung zunimmt, nimmt die zur Verfügung stehende Anbaufläche ab. In Zeiten der Globalisierung können nachhaltige Entwicklungen und ein verantwortungsbewusster Umgang mit den zur Verfügung stehenden Ressourcen dieser Welt nur international bewirkt werden. Gerechtigkeit und Solidarität in nationalen Gesellschaften müssen sich daran messen lassen, welchen Beitrag sie für die internationale Umsetzung dieser Werte leisten.

Macht die Digitalisierung die Welt zu einem einzigen Dorf oder schafft sie eine neue Kluft?

Die Digitalisierung verbindet und trennt zugleich. Das weltweite Netz der Information und Kommunikation verbindet. Wer dazu keinen Zugang hat, ist ausgeschlossen. Teilhabe am Fortschritt bedingt Teilhabe an der digitalen Welt. Solche Teilhabe ist eine Grundvoraussetzung für Gerechtigkeit. Außerdem beschäftigt uns natürlich der verantwortungsbewusste Umgang mit dem Internet, mit persönlichen Daten und die Frage der Regeln im Netz. Die Debatte über Kinderpornographie im Netz ist nur ein aktuelles Beispiel.

Gerade die Frage der internationalen Gerechtigkeit beschäftigt Christen seit 40 Jahren. Viele sind zunehmend resigniert. Zu Recht? Was muss passieren?

Diejenigen, die sich engagieren, sehen nur schleppende Fortschritte und immer neue Rückschritte. Die Globalisierung hat gleichwohl in manchen Teilen der Welt positive Veränderungen bewirkt. Korruption und Menschenrechtsverletzungen sind dennoch weltweit Realität auch in Ländern, die sich wirtschaftlich deutlich entwickelt haben. Internationale Entwicklungszusammenarbeit bedeutet deshalb auch Kontinuität in den Dialogen über Menschenrechte und good governance. Schließlich ist nicht zu übersehen, dass internationale Politik in der Skala der Politikbereiche nach wie vor eher auf den unteren Rängen steht.

WURZELN –
RHEINISCHER KATHOLIZISMUS ALS
SELBSTVERSTÄNDLICHES MILIEU

*Und Gott sprach: Das ist das
Zeichen des Bundes, den ich stifte
zwischen mir und euch und den
lebendigen Wesen bei euch für alle
kommenden Generationen: Meinen
Bogen setze ich in die Wolken;
er soll das Bundeszeichen sein
zwischen mir und der Erde.*

Gen 9,12–13

Wenn Sie sich an Ihre Jugend erinnern, was kam zuerst, das Interesse für die Theologie oder für Politik?

Das lässt sich zeitlich bei mir nicht trennen. Als Schülersprecherin organisierte ich in meiner Schule politische Wochen. Wir luden Politiker und Politikerinnen aus Bonn, auch unsere Bundestagsabgeordneten, in die Schule ein. Da wir keine Aula hatten, fanden die Veranstaltungen in der kleinen Turnhalle statt. Sie war voll besetzt und es ging heiß her. Ich weiß heute nicht mehr, um welche Themen es ging. Aber ich weiß noch sehr genau, dass mir die hitzigen politischen Diskussionen gut gefielen. Gleichzeitig war ich in der Arbeitsgemeinschaft, die unsere regelmäßigen Schulgottesdienste vorbereitete und der Religionsunterricht gehörte zu meinen Lieblingsfächern. In den letzten Schuljahren fiel meine Entscheidung für das Theologiestudium. Eine bewusste Entscheidung für die Politik kam erst später.

Überhaupt erweist sich im Nachhinein meine Schulzeit als Türöffner für meine späteren Interessen. Es gab in Neuss zwar ein katholisches Gymnasium in der Trägerschaft eines Ordens. Ich besuchte allerdings nicht diese Schule, sondern das Nelly-Sachs-Gymnasium, das 1957 neu errichtet worden war. Eigentlich, so hieß es, wohl mehr für die Protestanten. Aber es lag in der Nähe meines Elternhauses. Bei uns zu Hause wurde eher pragmatisch entschieden. Ausschlaggebend war der eher simple Vorzug, zu dieser Schule nicht mit dem Bus fahren zu müssen – 15 Minuten Schulweg zu Fuß waren mir lieber.

Was war das genau für eine Schule?

Im Nelly-Sachs-Gymnasium herrschte schon damals ein ökumenischer Geist. Der hat mich geprägt. Neuss galt politisch als tiefschwarz und hatte eine mehrheitlich katholische Bevölkerung. Der Katholizismus war kulturprägend. Die Kinder der alteingesessenen Familien besuchten eher das traditionsreiche Gymnasium in Ordensträgerschaft. Meine Schule war, wie sich am Ende meiner Schulzeit zeigen sollte, noch nicht wirklich gefestigt in der Stadt. Aber mir bot sie eine Schulzeit, die in mir Interesse geweckt hat an Religion und am öffentlichen Leben und auch die Erfahrung vermittelt hat, dass Bildung ein Schlüssel für meinen weiteren Weg sei. Ich war nie Klassenbeste, kam aber gut durch und interessierte mich auch für die Mitgestaltung der Schülerinnen am Schulleben, für Schülermitverwaltung, Schülerzeitung und politische Bildung auch außerhalb der Schulstunden. 1974 machte ich mein Abitur. Damals begann meine aktive Zeit in der Kommunalpolitik in Neuss. Zugleich stand meine Entscheidung fest, Theologie, Philosophie und Erziehungswissenschaften zu studieren.

Wie kamen Sie zur CDU?

Die CDU in Neuss hatte mir nach meinem Eintritt in die Partei angeboten, sachkundige Bürgerin im Schulausschuss zu werden. Das sind Mtglieder ohne Stimmrecht, die in den Ausschüssen des Stadtrates mitarbeiten. Das war für mich ein genialer Einstieg. Das große Thema damals war ein neuer Schulentwicklungsplan der Stadt, der aufgrund von Schülerzahlenprognosen vorbereitet worden war. Danach war in Neuss ein Gymnasium dauerhaft zu viel. Niemand rechnete anscheinend damit, dass sich die Übergangsquoten auf die Gymnasien in den kommenden Jahren deutlich erhöhen würden. So wurde die langfristige Auflösung des Nelly-Sachs-Gymnasiums vorgeschlagen. Das war mein Einstieg in die Politik. Ich war empört über diesen Plan. Noch während meiner Abiturprüfung fanden Debatten über den Schulentwicklungsplan statt und ich suchte Verbündete gegen die Auflösung meiner Schule. Mein Bündnis mit zahlreichen Stadträten der CDU war erfolgreich. Bei den entscheidenden Abstimmungen gelang eine Mehrheit für die Beibehaltung der Schule. Im Jahre 2007 hielt ich die Festrede zum 50-jährigen Bestehen der Schule. Zehn Jahre war ich, also auch in der Zeit meines Studiums und in den ersten Berufsjahren, sachkundige Bürgerin und später auch als Stadträtin in der Neusser Kommunalpolitik tätig. Studium und Politik ergänzten sich gut. Die Pendelei vom Studienort Bonn nach Neuss war manchmal lästig, aber beides blieb interessant.

Was begegnete Ihnen in Bonn?

In Bonn stieß ich auf meinen Lehrer in Moraltheologie, auf Franz Böckle. Das war für mich eine entscheidende Begegnung. Er war Schweizer und gehörte zu der Generation der Moraltheologen, die vom Konzil geprägt waren und an einer „autonomen Moral im christlichen Kontext" arbeiteten. Zu dem Kreis, den ich kennenlernte, gehörten auch Alfons Auer in Tübingen, Johannes Gründel in München und Wilhelm Korff in Tübingen und später in München. Franz Böckle hat in seiner beeindruckenden Art eines theologischen Lehrers mein Interesse am Öffentlichen auf ganz besondere Weise geweckt. Es muss an seinem 65. Geburtstag 1986 gewesen sein, als er über Bonn sagte: „Das politische Bonn hat mich immer wieder herausgefordert. Bonn als Bundeshauptstadt, als Ort des Parlaments und der Regierung mit den Ministerien brachte im Laufe der Jahre viele Begegnungen mit Politikern. Dabei blieb es nicht bei oberflächlichen Gesprächen. Die Suche nach der politisch richtigen Lösung kommt an der Frage der Grundwerte nicht vorbei. So hat mir das politische Bonn immer wieder Fragen und Aufgaben gestellt." Ohne diese Aufgaben käme man eben nicht zum Reflektieren, auch nicht zum Durchdenken von Antworten. Seine Vorlesungen und Seminare waren von dieser Beschäftigung mit grundsätzlich politischen Fragen geprägt, von seinem Ringen um Gewissenhaftigkeit und einem hohen Verantwortungsbewusstsein. Er nahm Politik ernst, und er war ein Mann der Kirche und des Dialogs. Niemand hat mich in meinen Studien so geprägt wie er.

Welche frühen Kirchenerlebnisse sind Ihnen in Erinnerung?

Meine frühen Kirchenerlebnisse haben vor allem mit Festen zu tun und einem besonderen Umgang mit der Zeit. Feste im Kirchenjahr wurden wirklich festlich begangen: in der Kirche und zu

Hause. Ich erinnere mich an die Liturgien zu Weihnachten, zu Ostern, zu Pfingsten, an Fronleichnam und am 6.Januar. Im Rheinland ist das Fest Erscheinung des Herrn vor allem das Fest der Heiligen Drei Könige. Das war das Patrozinium meiner Heimatgemeinde Heilige Drei Könige in Neuss. Mein Pastor war Werner Ketzer, der spätere Kölner Domprobst. Er war ein begnadeter Prediger und Zelebrant. Die Pfarrkirche war bis auf den letzten Platz besetzt. Wenn er in der Osternacht auf die Kanzel stieg und seine Predigt mit den Worten begann: „Christ ist erstanden", dann war ich als Kind wirklich davon überzeugt, dass etwas ganz Besonderes geschehen war. Dann hatte ich das Gefühl, der Grund für unsere Gemeinde, sich festlich zu versammeln, hat sich bewahrheitet. Die Botschaft von Hoffnung und Vertrauen erfüllt sich. Das wirkte vor allem emotional so glaubwürdig und stark auf mich, dass mich nichts hätte erschüttern können. In diesem Bewusstsein sah ich die Grundlage von Zuversicht und Vertrauen. Vertrauen zu können hat für mich immer eine mit dem Glauben verbundene Bedeutung gehabt. Seit Kindertagen steht vielleicht auch deshalb Ostern für mich an der Spitze aller kirchlichen Feste – noch vor Weihnachten.

Wie wurde in der Familie gefeiert?

An den kirchlichen Hochfesten trugen mein Vater und auch mein Großvater ihren schwarzen Anzug. Damals gab es generell noch die Sonntagskleidung. An Festtagen galt das ganz besonders. Wir besuchten gemeinsam die Messe. An normalen

Sonntagen ging unser Vater danach oft mit uns Kindern spazieren. Eine Station war dann oft der Friedhof und das Grab der Großeltern. Danach statteten wir dem ältesten Bruder meines Vaters, der in der Nähe wohnte, einen Besuch ab. An Weihnachten und Ostern fuhren wir spätestens am 2. Feiertag zu den Großeltern mütterlicherseits nach Jüchen. Da trafen sich alle Geschwister meiner Mutter mit ihren Familien. Ich bewundere bis heute meine Großmutter, die für 20 Personen kochte. Feste im Kirchenjahr waren immer auch große Familienfeste.

Wie war das Ansehen der Kirche damals?
Das Erzbistum Köln galt damals als groß, reich und mächtig, als weltoffen und gesegnet mit vie-

Erstkommunion 1964

len Priestern, die in der Stadt hochgeachtet waren. Mein Jugendkaplan war Norbert Feldhoff, der spätere Generalvikar in Köln – ein Glücksfall für uns Jugendliche in seiner selbstverständlichen Verbindung von heiterer Frömmigkeit, Menschenfreundlichkeit und intellektueller Überzeugungskraft. Letztere habe ich natürlich erst später kennengelernt, aber schon wir Jugendlichen spürten das. Der Katholizismus war nicht nur im Allgemeinen kulturprägend. Er war es auch durch solche Priester, die Interesse an Kirche und Welt hatten.

Wie haben Sie den Wandel in der Liturgie erlebt?

Der Wandel in der Liturgie vom tridentinischen Ritus hin zu neuen Formen, von der Zelebration mit dem Rücken zum Volk hin zum Volksaltar, muss in unserer Gemeinde unspektakulär gewesen sein. Ich habe diese Veränderung nicht mehr präzise vor Augen, erinnere mich nur noch an entsprechende Veränderungen im Chorraum, ohne damit besondere Debatten oder Emotionen zu verbinden. Unsere Gemeinde war aufgeschlossen, viele junge Familien gehörten dazu. 1964 ging ich zur ersten heiligen Kommunion. Damals gab es noch keine sogenannten Kommunionmütter und auch keine heute übliche kindgerechte Liturgie. Den Kommunionunterricht erteilte der Pastor. Am Weißen Sonntag fand ein Hochamt statt, bei dem der Kirchenchor sang. Ich erinnere mich noch gut, dass ich ziemlich aufgeregt war. Damals gab es noch die Mundkommunion und uns wurde gesagt, dass wir auf die Hostie nicht beißen dürften. Also fachsimpelten wir darüber, wie schnell die Hostie wohl so weich würde, dass wir sie herunterschlucken könnten. Danach kam die große Familie zusammen – mit vielen Geschwistern meiner Eltern – und wir feierten zu Hause. Bei mir war das mit dem Gefühl verbunden, jetzt wirklich dazuzugehören.

Wollten Sie Messdienerin werden?
Die Messdienerinnenfrage hat mich nie interessiert. Bei mir gab es weder Aufregung darüber, dass wir Mädchen noch nicht dabei sein konnten, und ich war auch nicht daran interessiert, als es möglich war.

Was war das Prägendste, das Kirchenjahr?
Prägend war die Selbstverständlichkeit, mit der in unserer Familie gebetet und die Zugehörigkeit zur Gemeinde praktiziert wurde. Heute würde ich sagen: ohne Übertreibungen. Natürlich war im Rheinland Fronleichnam ein Höhepunkt mit der stadtweiten Prozession und zahlreichen Hausaltären. In der Stadt standen viele am Straßenrand, alles roch nach Weihrauch und jahreszeitlich kündigte sich der Sommer mit seiner Blumenpracht an. Von Kindertagen an lernte ich das Jahr durch das Kirchenjahr kennen und finde diese Erfahrung bis heute hilfreich: Es ist nicht jeder Tag wie der andere. Es gibt unterschiedliche Zeiten, die ihr je eigenes Gesicht haben. Katholische Regionen haben bekanntlich die meisten Feiertage und vermitteln damit auch die Erfahrung: Alles hat seine Zeit. In dem Maße, in dem in meiner Arbeit im öffentlichen Leben alle Zeit droht, verplant zu

werden, sind mir diese frühen Erfahrungen besonders wichtig geworden. Ich mag keine öffentlichen oder gar politischen Veranstaltungen am Sonntagvormittag und bin in 15 Ministerjahren in der Karwoche nicht einmal im Dienst gewesen.

Welchen Glauben haben Sie in Ihrem Elternhaus kennengelernt?

In meinem Elternhaus ging es rheinisch-katholisch zu. Thomas de Maizière hat in einem gemeinsamen Interview vor einigen Monaten auf die Frage, was an mir katholisch sei, geantwortet: „Der rheinische Liberalismus. Niemand kann so liberal-katholisch sein wie rheinische Katholiken." Ich habe kurz gezuckt, fand dann aber, dass da etwas dran ist. Liberalität der rheinischen Katholiken hat nichts mit Beliebigkeit zu tun. Zutreffender ist das biblische Bild von „hörenden Herzen". Rheinischer Katholizismus ist dem Leben zugewandt, macht nicht alles gleich zum Dogma, verbindet Ehrfurcht vor dem Herrgott mit Liebe zum Menschen und ist davon überzeugt, dass Gott großzügig ist – eben größer, als wir glauben. Die Verkörperung des rheinischen Katholiken war Kardinal Josef Frings, der nach dem Krieg den Kohlenklau mit der Not der Menschen entschuldigte, worauf das fortan mit „fringsen" bezeichnet wurde. Die Leichtigkeit darf nicht mit Unernst verwechselt werden. Wir nehmen die Kirche ernst und waren deshalb umso erleichterter, als die Kirche nach dem Zweiten Vatikanischen Konzil auf neue Weise auch die Welt ernst nahm. So war auch mein Elternhaus großzügig. Ich musste mich in späteren Jahren von keinen Verklemmungen frei machen, weil mir die nie anerzogen wurden. Meine Eltern lebten uns Kindern eine natürliche Frömmigkeit vor, die Regeln kannte, ohne kleinlich zu sein. Wir gingen jeden Sonntag in die Messe. Die Kinder zunächst auch in die Christenlehre. Mein Bruder und ich gingen samstags (wie oft, weiß ich nicht mehr) beichten. Die Hauptsünde war in der Regel: „Ich habe mich mit meinem Bruder gezankt". Und dann gaben wir uns Mühe, ein paar Stunden friedlich zu sein. Ich war davon überzeugt: Nach der Beichte gibt es eine neue Chance. Kinderglaube kann doch wunderbar sein.

Erinnern Sie sich an die Konzilszeit? Wie sah Ihr Religionsunterricht aus?

An die Konzilszeit erinnere ich mich nicht wirklich. Als das Konzil zu Ende ging, war ich 10 Jahre alt. Wir bekamen erst in dem Jahr ein Fernsehgerät. Ich weiß das deshalb so genau, weil in dem Jahr, in dem mein jüngster Bruder geboren wurde, auch der Fernseher in unserer Familie Einzug hielt. So erinnere ich mich auch noch an die Bilder im Fernsehen vom feierlichen Abschluss des Konzils. Dieses Konzil begegnete mir erst später im Religionsunterricht und dann natürlich in meinem Studium. In der Gemeinde wurden die Ergebnisse des Konzils als Aufbruch wahrgenommen. Liturgiekreise bildeten sich, Jugendmessen kamen auf. Das war für mich ein Betätigungsfeld als Jugendliche. Wir durften ziemlich viel experimentieren. Interessant war nicht allein der Gottesdienst. Interessant war für uns Jugendliche vor allem der Weg dorthin, einschließlich vieler langer Gespräche mit unserem Kaplan. Wir schrieben Texte, lernten andere Lieder kennen und wir erlebten eine Gemeinde, die auf neue Weise aktiv wurde. So entstand ein bisher nicht gekanntes Zusammengehörigkeitsgefühl in der Gemeinde. Meine religiöse Sozialisation war stark von Emotionen, vom Gefühl der Beheimatung in der Kirche beeinflusst. Meine Entscheidung für das Theologiestudium war wesentlich davon geprägt, von der Erfahrung des Selbstverständlichen und dem, was meine Kindheit geprägt hat, mehr zu erfahren. Ich wollte mehr wissen von dem, was mir bislang selbstverständlich war. Mein Weg zur theologischen Wissenschaft ging aus dem Erleben von Glauben und Kirche hervor.

Wann und wie sind Sie in die CDU eingetreten?

1974 bin ich in die CDU eingetreten; da war ich 19 Jahre alt. Neben dem allgemeinen Eindruck, dort zu finden, wovon ich politisch überzeugt war, gab den Ausschlag dafür ein praktischer Grund. Die CDU hatte mich gefragt, ob ich als sachkundige Bürgerin im Schulausschuss des Stadtrates mitwirken möge. Die Idee fand ich reizvoll. Die Neusser CDU hatte meine Arbeit als Schulsprecherin mitbekommen. Sie war fix genug und noch nicht so introvertiert wie mancher Kreisverband heute. Eine der ersten Debatten war die schon erwähnte Diskussion über einen Schulentwicklungsplan. Insgesamt zehn Jahre war ich kommunalpolitisch tätig, zuletzt als Stadtverordnete,

also als Mitglied des Stadtrates in meiner Heimatstadt Neuss. In dieser Zeit habe ich viel Erfahrung gesammelt und letztlich haben diese
Jahre den Stil meiner späteren politischen Arbeit
geprägt. Die Kommunalpolitik war meine Lehr-
zeit. Deshalb bin ich davon überzeugt: Kommunalpolitik ist nicht die unterste Ebene der Politik,
sie ist das Fundament der politischen Kultur. Sie
erlaubt kaum, Politik als großes Spiel zu betrachten; sie lehrt Ernsthaftigkeit – mich jedenfalls hat
sie Ernsthaftigkeit gelehrt. Die Bürger wollen konkrete Antworten auf ihre Fragen, geben sich nicht
mit Performance zufrieden. Wer Landes-, Bundes-
oder Europapolitik machen will, sollte nicht ohne
kommunalpolitische Erfahrung sein.

**Erinnern Sie sich noch, welchen Begriff von „kon-
servativ" Sie als Abiturientin hatten? Und welchen
von „modern"? Wie hat er sich verändert?**
Neuss war konservativ. Damals hieß das: Neuss
ist tiefschwarz! Neuss war eine durch und durch
bürgerliche Stadt. Großbürger und Kleinbürger
achteten einander. Vielleicht verkläre ich die Zeit,
aber bei mir ist das Gefühl geblieben, dass es in
der Neusser Gesellschaft von damals viel Respekt gab, übrigens auch zwischen den Mandats-
trägern der Parteien. Bürgerliche Sitten und
Grundhaltungen, so finde ich bis heute, machen
das Leben – auch das öffentliche – erträglicher.
Und irgendwie fiel konservativ und bürgerlich zusammen. Man war so, und ich war es auch und
fand das normal. Vom Alter her gehörte ich zu
den kleinen Geschwistern der 68er, die ihre gro-

ßen Geschwister kaum verstanden. Als Schulsprecherin habe ich heftige Debatten erlebt. Das
war übrigens die Zeit, in der die ersten Flugblät-
ter gegen mich geschrieben wurden. Worum es in
der Sache ging, weiß ich nicht mehr. Aber struk-
turell ging es wohl darum, dass ich eher den Status quo verteidigte, so nach dem Motto: Keine
Experimente. Ich galt als ziemlich konservativ,
hatte aber prima Ergebnisse bei den Schulspre-
cherwahlen, weil ich als durchsetzungsfähig galt.
Und diesen Ruf festigte ich natürlich, als meine
alte Schule nicht geschlossen wurde. Konservativ
bin ich nach eigener Überzeugung bis heute, fand
aber schon damals, dass Christdemokraten mehr
als nur konservativ sind.

Und in der CDU?

In der CDU zählte ich zum modernen Flügel, jung
und Frau gab es selten. Aber die CDU war daran
interessiert, wollte Neues zulassen und steckte in
der zweiten Hälfte der 70er Jahre mitten in einer
umfassenden Grundsatzprogrammdiskussion.
Daran nahm ich intensiv teil. Richard von Weiz-
säcker war der Vorsitzende der Programmkom-
mission. Im Kreisverband gab es eine Arbeits-
gruppe, und ich gründete eine weitere AG in der
Jungen Union, deren Kreisvorsitzende ich war. Die
CDU diskutierte damals Entwürfe für ihr erstes
Grundsatzprogramm seit der Gründung der Partei
im Jahre 1949. Es wurde 1978 in Ludwigshafen
verabschiedet. Hermann Gröhe, der damals auch
zum JU-Kreisvorstand gehörte, hat mich jüngst
daran erinnert, wie intensiv und mit vielen Exper-

ten wir damals diskutiert haben. Beispielhaft dafür stand der Berliner Grundsatzprogrammkongress im Jahre 1976, an dem ich teilnehmen durfte. Da sprachen Wissenschaftler wie Niklas Luhmann, Hermann Krings, Wolfgang Kluxen und viele andere. Es war das Who is who der damaligen Geistesgrößen präsent. Das ging nach dem Motto: Die CDU soll attraktiv auch in intellektueller Hinsicht sein. Damals war „intellektuell" noch kein Schimpfwort in der Politik. Die CDU wollte weder besonders konservativ oder liberal sein. Sie wollte stimmig in der Darstellung, überzeugend in ihrer Politik und attraktiv im öffentlich-intellektuellen Diskurs sein. Sie war interessiert an den gesellschaftlichen Debatten und an den Zeichen der Zeit. Vieles kam mir vor wie fünf Jahre zuvor in der Konzilszeit der Kirche.

Mit Helmut Kohl und Hans Joachim Meyer auf dem Katholikentag in Mainz, 1998

WISSEN –
GLAUBE BRAUCHT KLÄRUNG,
GEWOHNHEIT VERLANGT
EINEN WACHEN GEIST

Der Herr aber ist der Geist,
und wo der Geist des Herrn wirkt,
da ist Freiheit.

2 Kor 3,17

Was haben Sie von Ihrem Theologiestudium erwartet und wie hat es dann ausgesehen?

Von meinem Theologiestudium habe ich Klärung und Aufklärung erwartet. Die Entscheidung dazu kam aus intellektuellem Interesse. Ich war vieles gewohnt – an kirchlicher Praxis und hatte auch aus der Neusser Erfahrung eine Ahnung vom öffentlichen Engagement katholischer Christen. Mir fehlten Wissen und Zusammenhänge. Ich kannte die Praxis und suchte die Theorie. Für mich war vieles intuitiv gültig. Ich wusste aber auch, dass Gültigkeit Argumente braucht und der Glaube verantwortet werden muss. Das, was für mich Quelle von tiefem Vertrauen und Lebenskraft war, wollte ich auch verstehen und intellektuell durchdringen. Und ich bekam, was ich wollte. Zu meinen Professoren gehörten ein Fundamentaltheologe – Heimo Dolch – der auch Physiker und Assistent bei Heisenberg gewesen war; ein Dogmatiker – Wilhelm Breuning – den ich nur bei äußerster Konzentration in seinen Vorlesungen verstand. Aber wenn ich ihn verstanden hatte, war ich ein Stück weiter. Hans Jorissen, Werner Botterweck, Wolfgang Kluxen in Philosophie und der schon erwähnte Franz Böckle – das sind die Namen einiger Lehrer von damals. Für manchen von ihnen gilt: Ihre Vorlesungen waren ein Genuss. Man hatte die Chance, von einem einzigen Punkt aus das Ganze zu verstehen. So erinnere ich mich an manche Situation, vor allem in den Vorlesungen von Breuning, Jorissen und Böckle an genau solche Momente, an denen gleichsam der Knoten aufging.

Was hat Sie geprägt? Welche Debatten gab es abends beim Wein?

Geprägt haben mich Bernhard Welte und Franz Böckle und ihre je spezifische Art des Ringens. Bernhard Welte war in Freiburg bereits emeritiert, als ich studierte. Ihn lernte ich zunächst über seine religionsphilosophischen Schriften kennen. Daraufhin lud ich ihn zu einem Seminar für Studierende ein, das ich in Bonn organisierte. Daraus entstand ein Gespräch über die Jahre, bis kurz vor seinem Tod im Jahre 1983. Ich besuchte ihn regelmäßig in Freiburg. Wir machten Spaziergänge und ich verstand noch mehr das Ringen dieses großartigen Mannes. Bernhard Welte war Religionsphilosoph. Sein Thema war die praeambula fidei, die Voraussetzungen des Glaubens und die Möglichkeiten zu glauben. Und er war Phänomenologe. Er besaß eine große Gabe der Aufmerksamkeit für Phänomene: für Freiheit, Macht, die Würde des Menschen, Zeit und Ewigkeit und den Tod als Ernstfall der Hoffnung. Nie werde ich seinen Vortrag im Stadttheater von Freiburg anlässlich des Katholikentages 1978 vergessen. Bernhard Welte war ein ringender, aufmerksamer Theologe, ein eindrucksvoller Redner und Prediger. Seine Universitätspredigten waren weit über Freiburg hinaus bekannt. Bernhard Welte war ein Wegbereiter der Begegnungen zwischen katholischer Theologie und Philosophie. Er war aufmerksam für gesellschaftliche Entwicklungen und Umbrüche. In seinen Reden von Gott kam zum Ausdruck, dass Gott den Menschen ernst nimmt, in seinen Fragen und Zweifeln, in

seiner Hilflosigkeit angesichts des Schweigens
Gottes und in seiner Zuversicht, von Gott bejaht
zu sein. Er vermittelte – wie Klaus Hemmerle es
einmal formuliert hat – „Weite des Denkens im
Glauben – Weite des Glaubens im Denken".
Meine Ausflüge nach Freiburg, meine Spaziergänge mit Bernhard Welte sind gleichsam Teil meines Studiums geworden, obgleich ich in Freiburg
nicht studiert habe.

**Was war für Sie denn das so Besondere an Franz
Böckle?**

Er hat bei mir das Interesse am Öffentlichen noch
einmal auf besonders intensive Weise geweckt.
Bei ihm habe ich gelernt, was autonome Moral im
christlichen Kontext meint. Das galt für seine Vorlesungen und Seminare, aber auch für die Aben-
de bei ihm in seinem Haus in Bonn-Röttgen, in
dem wir uns als Stipendiatinnen und Stipendiaten
der Konrad-Adenauer-Stiftung trafen. Er war Ver-
trauensdozent der Stiftung und kümmerte sich
wirklich um die Stipendiatengruppe. An diesen
Abenden erzählte er viel vom Ringen der Politiker,
von seinen Begegnungen mit ihnen und von dem
Respekt, den er vor der Politik hatte. Das waren
Sternstunden, in denen dieser Moraltheologe uns
Studierenden vermittelte, wie sehr er die gesellschaftliche Wirklichkeit ernst nahm und sie, ge-
treu dem Konzil, im „Lichte des Evangeliums" zu
deuten versuchte. Bei ihm lernte ich auch die
damals aufkommenden bioethischen Fragen kennen. Er hatte einige Semester Medizin studiert
und beschäftigte sich intensiv mit den Fragen von

Lebensanfang und Lebensende. Ich erinnere mich an die Debatten über den Paragrafen 218, über den Hirntod und ethische Fragen der Reproduktionsmedizin. Das sollte mich später in meiner politischen Arbeit beschäftigen. Dafür war mein Studium bei Franz Böckle ein gutes Fundament.

Erinnern Sie sich noch an eigene Sackgassen, aus denen Sie herausfanden? Im theologischen Denken, im Erfassen der kirchlichen und politischen Realität?

Ich kam von einem neusprachlichen Gymnasium. Deshalb gehörte zu meinem Studium, Grundkenntnisse in den alten Sprachen zu erwerben. Das reichte gerade, um die Vorlesungen und

In der Albert-Einstein-Bibliothek an der Hebrew-University in Jerusalem, 2008

Seminare in den exegetischen Fächern zu verstehen. Mehr war nicht drin. Ansonsten war für mich diese Zeit meines Studiums vor allem eine Zeit der Klärung und Aufklärung, eine Zeit, in der ich die produktive Kraft des Zweifels verstand. Auf mich wirkten neben dem Wissen und den Erkenntnissen aus Veranstaltungen an der Universität vor allem Begegnungen: mit meinen Lehrern und mit Studierenden aus anderen Fakultäten. Damals habe ich entdeckt, was für mein berufliches Leben prägend werden würde: In Begegnungen und Gesprächen mit Menschen aus ganz unterschiedlichen Welten lerne ich am allermeisten. Wohl auch deshalb habe ich mich für Berufsstationen entschieden, in denen ich dazu großartige Chancen hatte. Nach meinem Rigorosum fragte mich Franz Böckle, was ich mir beruflich vorstelle. Er wusste, dass das Cusanuswerk eine Referentenstelle besetzen wollte, die Stelle des Assistenten bzw. der Assistentin des Leiters Professor Karl Delahaye. Ich stellte mich wenige Tage später bei ihm vor, wurde angenommen und hatte einen tollen Berufseinstieg – mit 25 Jahren – im Cusanuswerk.

Welche Bücher haben Sie gelesen, welche Filme gesehen, welche Kirchen besucht?

Gelesen habe ich schon damals viel, zunächst die theologische Lektüre zu den Vorlesungen und Seminaren – gleichsam die Pflicht. Dann vor allem die Schriften von Karl Rahner, Walter Kasper, Josef Ratzinger, Edward Schillebeeckx, Yves Congar, Heinrich Schlier und Hans Urs von Balthasar. Ich verschaffte mir auch einen Einblick in die Schriften von Befreiungstheologen wie Gustavo Gutiérrez. Natürlich spielte Thomas von Aquin eine große Rolle für die Grundlegung der christlichen Ethik. Andere Klassiker und manche Schriften der Kirchenväter kamen hinzu. In der vorlesungsfreien Zeit, wenn ich nicht jobbte, fuhr ich meist nach Frankreich und besuchte romanische Kirchen in Autun, Vézelay und Poitiers. Diese Reisen, auch in den ersten Berufsjahren, halfen, meine Französischkenntnisse auszubauen. Und die romanischen Kirchen waren für mich Orte einer ursprünglichen, schnörkellosen, auf das Wesentliche konzentrierten Theologie. Das sind sie bis heute geblieben.

Gab es Überraschungen im Studium, an die Sie sich noch erinnern, die bis heute tragen?

Eine Überraschung, die mich für meinen Berufsweg noch einmal vor die Wahl stellte, ergab sich bei meiner letzten Begegnung mit Franz Böckle in den 80er Jahren. Ich war im Cusanuswerk tätig. Franz Böckle bekam den Medizinischen Ehrendoktor von der Universität Bonn verliehen. Er war bereits von seiner schweren Krebskrankheit geprägt und hielt eine Art Abschiedsrede. Als wir uns voneinander verabschiedeten, bat er mich, doch über eine Habilitation im Fach Moraltheologie nachzudenken. Das sei der richtige Weg für mich, meinte er. Das hat mich eine ganze Weile beschäftigt. Ich sprach mit seinem Nachfolger, Professor Gerd Höver, über die Sache, wir verabredeten ein Thema. Letztlich habe ich mich

dann doch anders entschieden – aus zwei Gründen. Ich ging voll in meiner beruflichen Arbeit im
Cusanuswerk auf und spürte zugleich, dass die
katholische Kirche sich damals mit Frauen in der
Wissenschaft noch schwer tat, zumal wenn es
um Schülerinnen von Franz Böckle ging. Den
Schülern ging es übrigens ähnlich. Wir galten als
zu liberal! Und Bittstellerin bei der Kirche wollte
ich nicht werden. So verzichtete ich auf diesen
Weg.

WEITE –
ÜBER DIE VIELFALT CHRISTLICHER SPIRITUALITÄT UND DAS SELBSTBEWUSSTSEIN DER LAIEN

*Denn Gott hat uns nicht einen
Geist der Verzagtheit gegeben,
sondern den Geist der Kraft,
der Liebe und der Besonnenheit.*

2 Tim 1,7

Die Zeit gilt als die schon erwähnte Aufbruchszeit der Kirche, die in besondere Weise einen politischen Laienkatholizismus gebracht hat. Sie selbst gingen ins Zentralkomitee der deutschen Katholiken (ZdK)? Wie war das?

Die Aufbruchzeit in der katholischen Kirche habe ich vor allem erlebt im wachsenden Selbstbewusstsein des Laien – aus Erzählungen über die Würzburger Synode und später in meiner Arbeit im Zentralkomitee der deutschen Katholiken, von 1991 bis 2008. Die Älteren, wie Hanna-Renate Laurien, Bernhard Vogel oder Hans Maier, erzählten von ihrem Engagement bei der Würzburger Synode. Das muss für sie eine Schlüsselerfahrung gewesen sein. Priester, Ordensleute und im öffentlichen Leben stehende katholische Persönlichkeiten, viele von ihnen in politischer Verantwortung, griffen die Impulse des Zweiten Vatikanischen Konzils auf und versuchten, daraus Vorschläge für Veränderungen zu erarbeiten. Bis heute sind die Würzburger Vorschläge nicht umgesetzt. Aber damals waren sie für katholische Laien eine große Ermutigung, wohl auch deshalb, weil prominente Theologen, die später Bischöfe wurden, mit dem gleichen Elan wie sie dabei waren.

Wie haben Sie sich damals verstanden?

Im ZdK griffen wir diese Synoden-Arbeit auf und formulierten das sogenannte Dialogpapier. „Dialog statt Dialogverweigerung" war das Thema. Wir warben für einen neuen Stil in der Kirche, für eine Stellung der Laien als mündige Christen und verstanden unseren Text als „Impulse für eine zukunftsfähige Kirche". Wir griffen auf eine Idee von Bernhard Hanssler, dem ersten Direktor des ZdK aus dem Jahre 1966, zurück. Er hatte damals gesagt: „Das dialogische Prinzip ist das Ferment einer sich wandelnden Kirche ... Die Kirche hat sich selbst und der ganzen Welt eine neue Idee, ein neues Verfahren und eine neue Hoffnung gegeben." Darin kam Aufbruch zum Ausdruck, den wir in den 90er Jahren vermissten. Was war daraus geworden? Der Konsens über den Aufbruch war dem Streit über konkrete Veränderungen gewichen. Wir stellten Entfremdung der Katholiken und Katholikinnen von ihrer Kirche fest. Dabei hatte Bernhard Hanssler doch auch gesagt (beim Bamberger Katholikentag 1966): „Wenn uns der Dialog gelingt, wird eine unvergleichliche Belebung der Kirche einsetzen, die Stickluft und Starre wird ebenso verschwinden wie das Ärgernis eines seelenlosen Apparates und eines entleerten Institutionalismus." Hanssler war ein Mann der Kirche, ein großer Prälat. Wer so redete, gehörte gewiss zu den Konservativen. Und so empfanden auch wir uns als die eher Konservativen in der Kirche, galten aber plötzlich als liberal. Wir fanden, dass nicht wir moderner geworden waren, sondern eher der Kirche der Mut verloren gegangen war, sich zu dem zu bekennen, was das Konzil und die Würzburger Synode auf den Weg gebracht hatten. Dennoch war die heftige Debatte, die auf das Papier folgte, auch Ermutigung. Ich war Begleiterin von Diözesanforen in München und Passau, reiste in den 90er Jahren viel durch die Diözesen, warb für unsere Ideen und für ein selbstbewusstes Engagement der Laien in der Kirche, für lebendige Gemeinden. In nahezu allen Diözesen entstanden neue Gesprächsforen. Die Deutsche Bischofskonferenz setzte einen Konsultationsprozess in Gang, um ein Hirtenwort zur sozialen und wirtschaftlichen Lage in Deutschland zu erarbeiten. Wenigstens dabei war ihnen die Stimme der Laien wichtig. Wir sollten nur nicht in die Kirche „hineinregieren" wollen. In diesem Zusammenhang erinnerten wir daran, dass in dem Konzilsdokument Lumen gentium die Rede davon war, dass die Bischöfe mit Hilfe der Erfahrungen der Laien in geistlichen und in weltlichen Dingen genauer und besser urteilen können. Wir wollten keine Revolution. Wir wollten, dass die Kirche ernst nimmt, was sie im Konzil beschlossen hatte.

Mitmachen war damals attraktiv und anziehend, heute ziehen die Leute sich zurück, aus Parteien und auch aus kirchlichen Gremien. Was muss passieren, sind solche Formen wie Ortsvereine, Pfarrgemeinderäte und das ZdK noch die richtigen Formen?
Über Veränderungen im Bindungsverhalten von Menschen sind Bibliotheken geschrieben worden. Menschen binden sich eher an vorübergehende Projekte, weniger an Institutionen. Der Hauptgrund hierfür ist die Individualisierung moderner Gesellschaften. Andererseits haben Institutionen ein gewisses Beharrungsvermögen. Sie beschäftigen sich mit sich selbst und tun sich schwer mit

Veränderungen. Wer überlegt, ob er seine freie Zeit im Ortsverein einer Partei, im Pfarrgemeinderat oder im ZdK verbringen möchte, fragt sich, ob er etwas bewirken kann. Das gilt für die aktive Mitgliedschaft in Parteien ebenso wie für kirchliches Engagement. Wer den Eindruck gewinnt, dass die immer gleichen Themen ohne eine Chance zur Veränderung diskutiert werden, verliert das Interesse an einer aktiven Mitarbeit. Letztlich entscheidet sich ehrenamtliches Engagement an der Erfahrung der Wirksamkeit.

Frauen in der Kirche und in der Politik – wie wurde das zu Ihrem Thema?

Meine Erfahrungen als Frau in der Politik sind durchaus positiv. Parteien sind letztlich in dieser Frage pragmatisch. Frauen haben in dem Maße eine Chance, Ämter und Mandate zu übernehmen, in dem die Partei spürt, dass ihre Attraktivität dadurch gewinnt. Dann können es Frauen durchaus auch einmal leichter haben. Das gilt vor allem für jene Situationen, in denen für ein bestimmtes Amt eine Frau gesucht wird. Dann können Parteien großzügig sein. Anders ist es, wenn eine Frau ein bestimmtes Amt anstrebt, für das andere bereits vorgesehen wurden. Wenn sie Pläne anderer zu durchkreuzten drohen, müssen sie damit rechnen, dass mit harten Bandagen gegen sie gearbeitet wird.

Und in der Kirche?

Die Rolle der Frau in der katholischen Kirche hat sich über die Jahrzehnte kaum verändert. Seit den 80er Jahren liegen Studien über „Frauen in der Kirche" mit gleichbleibenden Aussagen vor: Ihre Präsenz in der Gemeinde ist besonders hoch. Ohne Frauen ist das Gemeindeleben in Deutschland nicht vorstellbar. Zugleich ist die katholische Kirche auf der Ebene von Amt und Leitung eine Kirche der Männer. Diese Diskrepanz führt zu einem stark zunehmenden Entfremdungsprozess zwischen den Frauen und der Kirche einerseits und längst auch zwischen den Gläubigen und ihrer Kirche. Eine neue Analyse besagt, dass nur noch 17 Prozent der Katholiken sich als gläubige Katholiken bezeichnen und regelmäßig am Gottesdienst teilnehmen. Das ist in hohem Maße besorgniserregend. Vereinzelte Ordinariatsrätinnen und wenige Theologieprofessorinnen ändern daran augenscheinlich nichts. Die Zahl der Theologiestudentinnen ist seit langem rückläufig. Frauen haben in der Kirche kaum Berufsperspektiven. Nach so vielen Jahren der Debatte über die immer gleichen Befunde sind viele Frauen müde geworden, die immer gleichen Diskussionen zu führen. Letztlich verzichtet die katholische Kirche auf den wirksamen Einsatz der Charismen der Frauen. Der Erosionsprozess beschleunigt sich. Dabei wollen Theologinnen nicht – wie ihnen oft vorgeworfen wird – den Zugang zum Amt, wie es heute existiert. Sie sprechen vielmehr von der Weiterentwicklung der Theologie des Amtes. Aber schon die Forderung danach, diese Debatte ergebnisorientiert zu führen, erweckt Ängste. Was sich in der Politik im Zweifel pragmatisch lösen lässt, rührt in der Kirche an der Frage nach der Wahrheit. Ich vermag nicht zu erkennen, dass sich daran in absehbarer Zeit etwas ändern wird. Die Kirche lebt zu sehr mit der Befürchtung, dass hinter den Forderungen der Frauen modernistische Tendenzen stehen. Sie hat das von Papst Johannes XXIII. beschriebene neue Selbstbewusstsein der Frauen zwar als Phänomen der Gesellschaft erkannt, nicht aber als eines, das sie selbst betrifft.

Vielfalt als Reichtum, das ist heute eine gängige Formel, vielleicht auch eine modernistische Formel?

Vielfalt als Reichtum zu verstehen, habe ich nie als modernistischen Zug der Kirche gesehen. Wenn christliche Spiritualität sich aus einem

Mit Bischof Aloysius in Shanghai, 2008

pfingstlichen Geist versteht, dann ist sie auf ein Ganzes bezogen, versteht dieses Ganze als Vielfalt, als eine Pluralität, die ihre Fülle nicht durch Einheitlichkeit, sondern durch Vielfalt und Verschiedenheit erlangt. Der pfingstliche Geist spricht nicht nur eine Sprache. Das endzeitlich Erlösende an Pfingsten besteht gerade darin, dass der Geist in allen Sprachen ohne Ausnahme verstanden wird. Die lukanische Aufzählung der Völker und Rassen bedeutet nichts anderes als den ganzen Erdkreis. Schließlich zeigt der Blick auf 2000 Jahre Christentum eine Vielfalt an Gestalten und Ausprägungen christlicher Spiritualität. Wir haben uns daran gewöhnt, Pluralität als Signatur unserer Zeit zu betrachten. Nicht erst seit dem Zweiten Vatikanum, aber verstärkt durch dessen Ermutigung zur Weite des christlichen Herzens, bemüht sich die Kirche, Pluralität als Zeichen dieser Zeit zu verstehen und pastoral, das heißt wesentlich spirituell zu begleiten. Wer Pluralität als menschlichen Reichtum begreift, wer Pluralität vor Beliebigkeit schützen will, kommt als Christ zu der Überzeugung, dass es ohne Spiritualität dauerhaft Pluralität nicht geben kann. Die christliche Antwort auf die Zeichen der Zeit ist eine echte Antwort, nicht bloßes Echo, weil sie über die Zeit hinausgreift und auf eine Tradition zurückgreift. Christen müssen keinen weltlichen Trends folgen. Sie sollen nicht wiederholen, was bereits alle sagen. Sie sollen hinausführen über das Selbstverständliche und zu besserem Verstehen von Gott, Mensch und Welt beitragen. Kirche geht aber an menschlicher und christlicher Wirklichkeit vorbei, wo sie den Eindruck erweckt, die jeweilige Zeit und ihre Menschen als Blockade für den Weg der Identitätsfindung der Christen und Christinnen als Gläubige anzusehen.

Gibt es auch Verlusterfahrungen, dass etwa eine bestimmte katholische Welt nicht mehr da ist?

Jeder Modernisierungsprozess ist auch mit Verlusten verbunden. Die Auflösung früherer Milieus ist vielfach beschrieben worden. Das rheinisch-katholische Milieu, das ich aus meiner Heimatstadt Neuss geschildert habe, gab Sicherheit und Vertrautheit. Ganz gewiss wurde es aber auch von manchen als eng empfunden. Es war Ausdruck damaliger Mentalität und des Wunsches nach Gewissheiten. Der Verlust von Gewissheiten schmerzt. Die Erfahrung neuer Freiheit ist aber auch ein Gewinn. Manchmal waren das kleine Freiheiten. Ein Beispiel dafür: Mit dem aufkommenden Bemühen um Ökumene war es in meiner Schule möglich, in der Oberstufe auch Religionskurse in der anderen Konfession zu wählen. Ich habe das im einen oder anderen Halbjahr getan und an einem Religionskurs teilgenommen, der von einer evangelischen Lehrerin gegeben wurde. Das hat mir nicht geschadet, mich auch nicht weniger katholisch gemacht (jedenfalls in meiner eigenen Empfindung) und den Blick geweitet. Das war in den 70er Jahren so eine kleine Freiheit, die noch wenige Jahre vorher schwer vorstellbar gewesen wäre. Dadurch habe ich auch lernen können, für manche katholische Spezialität Argu-

mente zu brauchen und nicht einfach auf
Gewohnheit zu verweisen. Was Vertrautheit
durch Gewohnheit bot, bedurfte nun der Begrün-
dung. Deshalb sollte eine konfessionsübergreifen-
de Kurswahl übrigens selbstverständlich sein.

**Ist nicht die Entkirchlichung das größere Problem
geworden als die Schwierigkeiten in der Ökumene?**
Der Prozess der Säkularisierung hat in Deutschland schon viel früher begonnen, als er wahrgenommen wurde. Der Jesuit und große Prediger
Mario von Galli sprach schon in den 50er Jahren
davon, dass Deutschland ein Missionsland geworden sei. Das betraf weniger die Konfessionen als
die Christen insgesamt. Religiöse Sozialisation
war schon damals kein Automatismus mehr.
Heute mag es noch eher protestantisch oder
eher katholisch geprägte Städte und Regionen
geben. Ulm wirkt irgendwie protestantisch, schon
wegen des Ulmer Münsters. Dennoch leben in
der Stadt etwa so viele Katholiken wie Protestanten. Die Alltagsökumene gedeiht prächtig und
alle sind stolz auf den höchsten Turm der Chris-
tenheit, der zum Ulmer Münster gehört. Konfes-
sionelle Prägungen haben wohl mehr mit Kultur
und Mentalität zu tun denn mit bewusst wahr-
genommenen theologischen Unterschieden. Die
Konfessionen stehen für die Vielfalt im Christentum, streben versöhnte Verschiedenheit an und
sind doch auch stolz auf die ein oder andere kon-
fessionelle Eigenheit. In meiner eigenen Entwicklung habe ich den Abschied von Gewohnheiten
eher nicht als Verlust empfunden, vielmehr als

die Aufgabe, auch religiös erwachsen zu werden, den eigenen Stil der Glaubenspraxis zu entwickeln und dann doch festzustellen, dass ich vieles heute so praktiziere wie früher. Jugendmessen sind zum Beispiel ein eher vorübergehendes Phänomen in meinen Gottesdienstvorlieben gewesen. Heute schätze ich das festliche Hochamt ebenso wie damals im rheinisch-katholischen Milieu meiner Kindheit. Und ich habe die Erfahrung gemacht, nicht zuletzt durch mein Studium, dass es gute Gründe gibt, zu glauben und über diese Gründe auch zu sprechen.

Verliert die Theologie in der Universität, im Haus der Wissenschaft nicht dramatisch an Gewicht?

Die Rolle der Theologie in der Universität hat sich stark verändert. Sie muss nicht an Gewicht verlieren, wenn sie sich entwickelt und entwickeln darf – in neue Kontexte hinein. Was meine ich damit? Die Zahl derer, die Theologie studieren, um anschließend in der Kirche zu arbeiten, nimmt deutlich ab. Zugleich sind theologisch gebildete Akademiker aber in anderen Berufsfeldern gefragt, zum Beispiel bei Unternehmensberatern und in Personalabteilungen. Die Theologie kann zudem ein interessanter Partner im Gespräch der Fakultäten sein – im Dialog mit den Kultur-, Natur- und Lebenswissenschaften. An theologischen Fakultäten in Deutschland haben in den vergangenen Jahrzehnten viele studiert, die danach auch die Theologie in anderen Kontinenten geprägt haben. Theologien sind für Religionen bedeutsam. Sie bewahren vor fundamentalisti-

schen Strömungen ebenso wie vor Machbarkeits-
fantasien. Sie klären auf und verlangen, dass
über den Glauben auch nachgedacht wird. Sie
sind aber nicht mehr allein Glaubenswissen-
schaft, religionswissenschaftliche Reflexion
gewinnt an Bedeutung. Kompetenzen als Partner
der Kulturwissenschaften sind wichtig. Religions-
philosophie ist an den theologischen Fakultäten
in Deutschland stark unterbewertet. Der Lehr-
stuhl von Bernhard Welte in Freiburg wurde nur
durch persönliche Intervention von Erwin Teufel,
dem damaligen Vorsitzenden der CDU-Landtags-
fraktion, erhalten. Die Fakultät hätte ihn mit Billi-
gung der Kirche abgeschafft. Der heutige
Zuschnitt der katholisch-theologischen Fakultäten
ist überarbeitungsbedürftig. Aber die Theologie
an der Universität ist eine grosse Chance, für die
Religion, die Kirche und die Universität. Gerade
ist eine Empfehlung des Wissenschaftsrates erschienen, in Deutschland auch Fachbereiche für
islamische Studien einzurichten, um dort Religi-
onslehrer für islamischen Religionsunterricht und
Imame auszubilden. Damit sind viele schwierige
Fragen verbunden, nicht zuletzt die nach dem
Partner in der Religionsgemeinschaft, der für
Inhalte und Ziele einer solchen Ausbildung zu-
ständig ist. Dennoch lohnt sich der Versuch,
Selbstreflexion im Kontext der Wissenschaft tut
jeder Religion gut – und führt zu Kompetenz im
interreligiösen Dialog.

**Wo erleben Sie heute persönlich am liebsten katho-
lische Kirche?**

Weil ich viel unterwegs bin, fehlt mir die Heimatgemeinde. So haben sich mindestens drei Gemeinden herausgebildet, die mir wichtig sind. Die
Münster-Gemeinde in Überlingen am Bodensee.
Am See habe ich meine Ferienwohnung und bin
an kirchlichen Hochfesten meist dort. Das ist
eine lebendige Gemeinde mit einem Stadtpfarrer,
der ein herausragend guter Prediger und Liturg
ist. Da habe ich am ehesten wiedergefunden, was
ich aus Kindertagen kannte. In Ulm gehe ich in
die Wengen-Gemeinde St. Michael. Ulm gehört zu
meinem Wahlkreis, ist mein erster Wohnsitz, so
dass ich an den meisten Sonntagen dort bin. Der
dortige Pfarrer war über einige Jahre Dekan und
hat sich große Verdienste um die Ökumene er-
worben. In Berlin liegt die Katholische Akademie
mit der Akademiekirche St. Thomas gegenüber
meinem Ministerium. Da ich in Berlin-Mitte auch
wohne, zieht es mich in diese kleine Gemeinde.
In Plenarwochen findet auf dem gleichen Gelände
im Haus der Deutschen Bischofskonferenz oder
auch in der Akademiekirche am Donnerstag um
7:30 Uhr eine Messe statt, die ich besuche und
auf einen kleinen Kreis von Bundestagskollegen
stoße, die damit den Plenartag beginnen. Trotz
mehrerer Orte finde ich mich also nicht heimat-
los. Die Vergleichbarkeit der Liturgien trotz ver-
schiedener Zelebranten, die Begegnung mit ver-
trauten Menschen schaffen Kontinuität und
Heimatgefühl. Am liebsten erlebe ich heute die
katholische Kirche dort, wo sie von Gott spricht,
sich selbstbewusst und aufmerksam im Blick auf
die Zeitläufe zeigt, im gemeinsamen Gebet der

Gemeinde, in der Auslegung der Schrift. Da, wo sie sich nicht mit sich beschäftigt, sondern mit Gott, der größer ist, als wir glauben – und wo sie seiner Größe Raum gibt.

Die Kirche ist noch nicht da, wo viele sie sich hin-wünschen, heißt es. Woran fehlt es genau Ihrer Meinung nach?

Bekanntlich ist die Vorstellung von dem, was und wo die Kirche sein soll, höchst verschieden unter Christen, auch unter katholischen Christen. Deshalb ist die Vorstellung, sie müsse da sein, wo ich sie mir vorstelle, sehr subjektiv. Je nach Lebensphase ändert sich die Vorstellung schließlich auch. Ich erinnere mich gut an Diskussionen im Freundeskreis in meiner Zeit in Aachen – Mitte der 80er Jahre. Ich war Abteilungsleiterin für außerschulische Bildung im Generalvikariat dort und befreundet mit jungen Geistlichen und Theologen, die heute Professoren an theologischen Fakultäten sind bzw. in Schulen wirken. Wir diskutierten damals die Rolle der Kirche als Volkskirche. Ich war dann eher verunsichert bis entsetzt, wenn meine Freunde erklärten, Volkskirche müsse nicht sein und werde wohl nur eine vorübergehende Erscheinung sein. Ich fand, wir müssen daran festhalten. Heute bin ich da realistischer. Ich finde immer noch, die Kirchen sollten sich nicht mit der Nische zufrieden geben, aber ihre Prägekraft hängt nun mal nicht an ihnen wie eine Selbstverständlichkeit, sondern gewinnen sie im Maße ihrer Überzeugungskraft. Wo der Eindruck entsteht, viele Veränderungen außerhalb der Kirche werden eher kulturpessimistisch bewertet, schwindet auch genau diese Prägekraft und damit der Einfluss auf die gesellschaftliche Entwicklung.

Woran fehlt es?

Nun, wohl vor allem an dem Selbstbewusstsein, dass auch Kirche noch nicht ist, was sie sein kann und an dem Ehrgeiz, Traditionsbildung auch durch Neues zu stabilisieren. Wo nichts Neues zugelassen wird, da bricht Tradition eher. Christen müssen sich nicht auf alles Neue stürzen, nur weil es neu ist. Sie dürfen aber auch nicht den Eindruck erwecken, die jeweilige Gegenwart mehr zu lieben als die Zukunft, schon gar nicht dürfen sie am allermeisten die Vergangenheit mögen. Darauf hat schon Karl Rahner hingewiesen. Christen ist eine schöpferische Freiheit zugesprochen, das Bekannte, Erprobte und Althergebrachte nicht im Sinne eines bequemen Konservativismus zur obersten Norm ihres Handelns zu machen, vielmehr offen zu bleiben für das Wagnis, mutig Neues zu erwarten und der „unverbrauchbaren Transzendenz Gottes" (Karl Rahner) trauen zu dürfen. Das bewahrt vor Vergötzung und vor jenen Absolutsetzungen, die Zukunft in menschlichem Zugriff vorwegnehmen und strategisch beherrschen wollen. Karl Rahner beschreibt das so: „Wir sind frei, weil nicht mehr ist, was wir absolut setzen, weil weder Zukunftsoptimismus noch ein Zukunftspessimismus absolut gesetzt werden muss."

Die katholische Kirche steckt in einer dramatischen Krise. Neben dem Glaubwürdigkeitsverlust nach außen zerrüttet auch der Streit zwischen Liberalen und Traditionalisten im Inneren den Zusammenhalt. Was würden Sie als engagierte Katholikin anders machen, wenn Sie die Lage heute sehen?

Am meisten wünsche ich mir, dass Liberale und Traditionalisten sich je nicht schon für das Ganze halten. Wer in der Sache des Christentums diese und jene Position für schwierig oder auch falsch hält, sollte daraus nicht gleich den Schluss ziehen, die Position des anderen sei unchristlich. Da ist mehr Demut angesagt. Es kann doch auch sein, dass die eigenen Einsichten und Erfahrungen, Standpunkte und Vorlieben noch nicht gänzlich das widerspiegeln, was in der Sache zu beachten ist. Der Respekt vor anderen Auffassungen und Deutungen der einen Botschaft ist wichtig für den Zusammenhalt in der Kirche, für eine redliche Suche nach der Wahrheit und verhindert den Autoritätsverfall. So sehr ich mich über manches in der Kirche ärgern kann, so wenig hat mein Interesse an dem, was zum Beispiel aus Rom kommt, nachgelassen. Gerade in Situationen des Konfliktes ist der Respekt eine Grundhaltung, die vor Selbstgerechtigkeit bewahrt. Und wer in der Kirche die Autorität des Lehramtes innehat, muss wissen, dass er an den Maßstäben gemessen wird, die vom Amt her auch von allen anderen erwartet werden. Zu diesen Maßstäben gehört für mich auch eine Kultur des Umgangs mit dem Scheitern. Manchmal denke ich, der heute oft beklagte Autoritätsverfall in der Kirche hat auch damit zu tun, dass sie für Konflikte und Scheitern keine überzeugende Kultur des Umgangs entwickelt hat.

Was sind Ihre persönlichen Beispiele?

Ich denke da etwa an den Konflikt zwischen Rom und der deutschen Ortskirche um die Schwangerenkonfliktberatung. Da waren deutsche Bischöfe und Laien über viele Jahre im Konsens und gemeinsam davon überzeugt, den richtigen Weg zum Schutz des ungeborenen Lebens zu gehen. Sie setzten sich gemeinsam dafür ein, dass in Deutschland keine Fristenregelung eingeführt wird. Stattdessen sollten Beratung und der Nachweis einer Beratung gelten. Kaum war das eingeführt, wurde der Beratungsschein von Rom als Gefahr einer „Verdunklung des christlichen Zeugnisses" bezeichnet. Was dann folgte, war ein beschämendes Beispiel für die Dialogunfähigkeit und auch den mangelnden Respekt vor einem Weg, den die Kirche in Deutschland aus Überzeugung gegangen war. Er hat engagierte Katholiken – auch mich – auf den Plan gerufen und zur Gründung von donum vitae geführt. Bis heute schwelt dieser Konflikt. Die derzeit diskutierten Missbrauchsfälle in kirchlichen Einrichtungen und Verfehlungen von Amtsträgern bis hin zum Rücktritt eines Bischofs erschüttern die katholische Kirche bis ins Mark. Ich bin davon überzeugt, dass diese Vorgänge auch Ausdruck falsch verstandener Autorität, von Selbstgerechtigkeit und unterdrückter Kommunikation waren und sind. Viele haben zu lange geschwiegen nach dem

Motto „Was nicht sein darf, das nicht sein kann". Eine solche Grundhaltung widerspricht zutiefst dem Anspruch der Kirche, unverbrüchlich für die Wahrheit einzustehen. Da haben Selbstgerechtigkeit und falsche Rücksichtnahme keinen Platz.

Wie schätzen Sie die Lage ein, wie lange dauert die Genesungszeit?

Der Schaden ist groß und es wird lange dauern, bis die Kirche ihre Glaubwürdigkeit wiedergewinnt. So viele Jahre, nachdem wir das Dialogpapier geschrieben haben, hat Dialogunfähigkeit zu schlimmeren Auswüchsen geführt, als wir uns damals hätten vorstellen können. Vielleicht erwächst daraus die Chance zu mehr Demut im Umgang mit dem Scheitern anderer und vielleicht auch die Einsicht, dass Wahrhaftigkeit eine unverzichtbare Grundhaltung im Umgang miteinander ist. Vielleicht wächst auch die Überzeugung, dass der Respekt vor Gott den Respekt vor jedem Menschen, auch dem Andersdenkenden, einschließt – vielleicht. Die Kirche soll nicht so sein, wie ich sie mir gerade vorstelle; sie ist immer mehr. Aber sie soll Selbstgerechtigkeit vermeiden und lernen, mit Konflikten fair umzugehen und sich nicht zu erheben über die, die auf neue Gedanken kommen.

WERTE –
WER SICH SELBST TREU
BLEIBEN WILL,
MUSS SICH ÄNDERN

Seid stets bereit, jedem Rede und Antwort zu stehen, der nach der Hoffnung fragt, die euch erfüllt; aber antwortet bescheiden und ehrfürchtig, denn ihr habt ein reines Gewissen.

1 Petr 3,15–16

Der Moraltheologe Schockenhoff beklagt eine Abkehr der CDU von traditionellen katholisch-kirchli-
chen Vorstellungen. Familienpolitik, Lebensschutz,
Sexualmoral – die Analyse scheint richtig. Was antworten Sie ihm?

Der Vorwurf, die CDU bleibe hinter den Erwartungen zurück, die die katholische Kirche an sie richtet, ist nicht neu. In nahezu jedem Jahrzehnt gab
es Debatten, die zwischen Kirche und CDU kon-
trovers geführt wurde und manches Mal mit der
Aufforderung von Kirchenvertretern verbunden
waren, die Partei möge besser auf das „C" ver-
zichten. Auf der anderen Seite steht der Vorwurf,
wonach Modernität und Zukunftsfähigkeit im
Blick auf politische Programmatik sich schwerlich
mit dem „C" verbinden lassen. So hat Michael
Wolffsohn nach der Wahlniederlage der CDU im
Jahre 1998 erklärt, dass die Partei nur zukunfts-
fähig werden könne, wenn sie jenen traditionellen Ballast loswerde, der mit dem „C" verbunden
sei. Letztlich stecken hinter beiden Kommentaren
die Fragen: Wie viel Kompromiss verträgt das „C"
in der Situation einer konkreten politischen Entscheidung? Und: Wie viel Modernität lässt es zu?

Und? Wird die Partei nicht zurzeit überdehnt?

Die CDU ist ein großes ökumenisches Projekt,
keine katholische oder evangelische Partei. Die
Gründungsväter und -mütter wendeten sich an
jene, die alte Bahnen und bisherige Denkweisen
verlassen wollten. Alte Denkweisen waren damals
geprägt von der Trennung gesellschaftlicher
Gruppen ebenso wie der Konfessionen. Diese

Trennungen wollten die Gründungsmitglieder überwinden. Sie waren davon überzeugt, dass das Christentum die einzige geistige Kraft gegen alles Totalitäre ist. Eugen Gerstenmaier hat die Gründung der CDU auf die Formel gebracht: „Die Konstituierung der CDU hat in den Gefängnissen von Tegel begonnen." Viele Gründungsmitglieder waren Verfolgte der Nazibarbarei gewesen. Von daher kam ihre Entschlossenheit, eine Volkspartei zu gründen, die jeder Hybris des Staates widersteht. Sie wussten, dass Politik die Gestaltung des Öffentlichen ist. Sie betrifft die Sorge um öffentliche Güter und jenes Wertefundament, das eine Gesellschaft trägt, prägt und zusammenhält. Zusammenhalt stiften weder technokratische noch materialistische Politikentwürfe, sondern nur Überzeugungen und ein Wertefundament, das Identität stiftet. Konrad Adenauer hat die CDU beschrieben als „eine große Volkspartei und eine Partei, die auf den ethischen Grundsätzen des Christentums beruht". Seit ihrer Gründung hat sich die CDU deshalb immer auch mit dem Verhältnis von Tradition und Modernität beschäftigt. Die CDU muss heute nicht einfach liberaler werden. Sie muss in der konkreten politischen Entscheidungssituation vor allem Übersetzungsarbeit leisten – zwischen sich verändernden Realitäten und den Überzeugungen der Christen und ihrem Wertefundament.

Was heißt das zum Beispiel bei der Familie?

Familiäre Lebenswelten haben sich stärk verändert. Also ist die Frage von einer verantwortungs-

bewussten Familienpolitik: Wie lässt sich vor dem
Hintergrund der Realitäten bewahren, was uns
wichtig ist. Dazu gehören die Verantwortung der
Generationen füreinander, die auch grundgesetz-
lich verankerte Ehe, die Anerkennung der Leistungen von Familien für unsere Gesellschaft. Aber
ebenso die ebenfalls im Grundgesetz verankerte
Gleichberechtigung von Mann und Frau, die sich
nicht zuletzt widerspiegelt in der Möglichkeit von
Männern und Frauen, Familie und Beruf miteinander zu verbinden. Wir wollen erreichen, dass
Familien mit Kindern in einer schnelllebigen Welt
mit hohen Ansprüchen an Erwachsene gut leben
können. Familienpolitische Gesetzgebung ist in
Deutschland seit den 50er Jahren maßgeblich
von der CDU verantwortet worden. Und die deutsche Familienförderung, mag die ein oder andere
Maßnahme auch umstritten sein, kann sich im
internationalen Vergleich sehen lassen.

Aber der Staat mischt sich schon stärker ein?
Immer stand im Vordergrund die Überzeugung,
dass der Staat und seine Institutionen subsidiär
tätig sind, wenn es etwa um die Erziehung der
Kinder geht. Eltern sind nach dem Grundgesetz
die ersten Erziehungsberechtigten. Unübersehbar
ist aber auch, dass eine ausreichende Zahl an
Krippen- und Kindergartenplätzen oder auch
Ganztagsschulen für die Familien wichtig sind.
Ich vermag nicht zu sehen, was daran unchristlich ist. Waren es in der jüngeren Geschichte
nicht vor allem kirchliche Einrichtungen, die so-
wohl bei den Kindergärten wie bei den Ganzta-

gesschulen vorangegangen sind? Und sind andere europäische Länder unchristlich, die die Vor-
mittagsschule nicht kennen und immer schon
Krippenplätze zur Verfügung gestellt haben?

**Fehlt es in der Union nicht an Konsequenz bei allen
Fragen, die sich mit dem Schutz des Lebens am
Ende und Anfang auseinandersetzen?**

Beim Lebensschutz wird unterschätzt, wie hoch
der Beitrag der CDU zu Gesetzen ist, die konse-
quenter als in vielen anderen Ländern Leben
schützen. Das gilt beim Paragrafen 218, wo es
schon bei den europäischen Nachbaren liberalere
Regelungen gibt. Ebenso beim Embryonenschutzgesetz oder bei der Stammzellgesetzgebung. All
diese Gesetze entsprechen katholischen Lehren
nicht eins zu eins – das ist wahr. Christen wün-
schen sich mehr. Christen in politischer Verantwortung aber müssen eben übersetzen und mög-
lichst einen überzeugenden Teil ihrer Werte
umsetzen. Die Alternative ist für den Lebensschutz schlechter. Wer kompromissunfähig ist,
scheitert und verliert die Chance zur Gestaltung
und damit zu Übersetzung von Grundüberzeugungen in politische Realitäten. Wer mit der Übersetzung unzufrieden ist und sich mehr erwartet,
braucht dazu in der Demokratie Mehrheiten. Die
CDU muss in jedem Einzelfall deutlich machen,
worum es geht, also auch über zugrunde liegende
Werte sprechen. Dabei existieren in vielen Sachfragen auch unter Christen unterschiedliche Meinungen. Das gehört zur kirchlichen und gesellschaftlichen Realität. Bei den fundamentalen

Fragen, die den Schutz menschlichen Lebens betreffen, gilt nach meiner festen Überzeugung, dass Christen in politischer Verantwortung versuchen müssen, den bestmöglichen Schutz in den entsprechenden Gesetzen zu erreichen. Zu wirksamem Lebensschutz aber gehört mehr. Dazu braucht es auch die Überzeugungskraft für jene grundlegenden Werte und den uneingeschränkten Respekt vor menschlichem Leben. Gesetze wirken sich auf das öffentliche Bewusstsein aus, ersetzen aber nicht die Moral in einer Gesellschaft.

Was ist denn das Wesentliche einer christlichen Politik?

Das Wesentliche einer christlichen Politik ist die Überzeugung vom unverwechselbaren Wert eines jeden Menschen. Das nennen wir christliches Menschenbild. Diesen Wert gilt es zu schützen – gegenüber Übergriffen des Staates, gegenüber jeder Form von Totalitarismus. Das ist nicht zuletzt Quelle eines politischen Realismus, zum Beispiel gegenüber sozialistischen Utopien. „Die Christen glauben nicht an die Utopie eines irdischen Paradieses, das Staat und Gesellschaft oder Politik produzieren kann. Sie sind von der Endlichkeit, der Fehlbarkeit, der Sündhaftigkeit des Menschen überzeugt", sagt der Historiker Thomas Nipperdey. Ein christlicher Realismus erwartet von Menschen nicht mehr, als nach bislang gemachter Erfahrung vernünftigerweise von ihnen erwartet werden kann. Das ist die anthropologisch begründete Alternative zu jeder Form

von politischem Traum, „die neuen Menschen"
formen zu können. Neben diesem Antiutopismus
erwächst aus einem christlichen Verständnis vom
Menschen auch die Antwort auf das Verhältnis
von Christentum und politischem Handeln. Die
Christen „bringen zur Geltung die Unverfügbar-
keit des Menschen für den Menschen … Der
Mensch, der Einzelne bleibt ein Zweck an sich
selbst." In so begründeter Politik geht es „um die
Sphäre von Freiheit und Personalität einerseits,
um die Idee der Toleranz andererseits" (ders.
1980). Im Sinne eines letztgültigen Anspruchs an
das politische Handeln ist darin gleichsam ein
Stück Transzendenz in die Immanenz weltlicher
Politik als Garant der Humanität markiert. Das
hat auch Eingang in das Grundgesetz gefunden.

**Das sind hohe normative Ansprüche, aber die
Praxis …?**

Die ist besser als ihr Ruf. Dieser anthropologi-
sche Impuls als politische Grundorientierung ist
nicht ohne Wirkung geblieben und hat alle großen Debatten in Deutschland geprägt. Jüngste
Beispiele – aus den letzten Monaten – hierfür
sind Anträge der CDU/CSU-Bundestagsfraktion
zur weltweiten Ächtung und Abschaffung der
Todesstrafe und zum weltweiten Schutz der Religionsfreiheit. Für die Geschichte der Bundesrepu-
blik Deutschland prägende andere Beispiele sind
die Anerkennung der Prinzipien der katholischen
Soziallehre für den Aufbau der Gesellschaft: Die
Subsidiarität, die den Vorrang der kleinen Einheit
vor der großen Einheit und den Vorrang der freien

Träger vor dem Staat bedeutet, sowie die Solidarität, die ihren Ausdruck in den großen Sozialversicherungssystemen findet. In mancher aktuellen Debatte scheint mir all das unterbewertet. Weil nicht alles erreichbar ist, was nach kirchlicher Lehre wünschenswert ist, sollten wir nicht kleinreden, was erreicht wurde. Dazu gehört übrigens auch der Religionsunterricht als ordentliches Lehrfach in den öffentlichen Schulen und die theologischen Fakultäten an den Universitäten. Ein politisch sensibles Christentum nimmt das wahr und ermutigt Christen, die großen Gestaltungsräume zu nutzen, die in unserer Gesellschaft vorhanden sind – nicht zuletzt durch kirchliche Einrichtungen der Bildung und Diakonie / Caritas. Christen dürfen die Berufung zum öffentlichen Wirken nicht ängstlich meiden aus Furcht vor dem Kompromiss.

Wie bei kaum einer anderen Frage ist Ihnen beim Thema der embryonalen Stammzellforschung der Vorwurf gemacht worden, die christliche Wertebasis zu verlassen. Wie kam es aus Ihrer Sicht zu der Konfrontation?

Der Bundestag hatte im Jahr 2002 über eine fraktionsübergreifende Initiative einen Stichtag eingeführt, der die umstrittene Forschung in begrenztem Umfang ermöglicht hatte. Doch die Debatte war noch virulent. Ich ahnte bereits, als ich 2005 mein Amt antrat, dass die Frage der Stammzellforschung erneut auf mich zukommen würde. Ein Jahr später bei den Beratungen zum 7. Forschungsrahmenprogramm der Europäischen

Union lag dann das Thema wieder auf dem Tisch. Doch zunächst nur auf europäischer Ebene und dort mit einer ganz anderen Rollenverteilung als später in Deutschland. Die meisten europäischen Länder wollten die Forschung an embryonalen Stammzellen generell zulassen und sogar finanziell fördern. Für ein generelles Verbot setzte sich nur eine Minderheit ein. Das wussten auch die Vertreter der Kirchen, mit denen ich im Vorfeld der Brüsseler Beratungen gesprochen hatte. Mein Vorschlag, die Einführung eines Stichtages auf europäischer Ebene, hätte eine Begrenzung und Einengung der zweifelhaften Forschungsmetho-

Start des 7. Forschungsrahmenprogramms mit Kommissionspräsident Barroso und Kommissarin Reding in Brüssel während der Ratspräsidentschaft Deutschlands, 2007

den im Bezug auf das geltende Recht bedeutet. Das war auch der katholischen Kirche klar. Deswegen vereinbarte ich mit beiden Kirchen, dass ich mich in Brüssel gerade für einen Stichtag einsetzen werde, um überhaupt der verbrauchenden Embryonenforschung einen Riegel vorschieben zu können und somit eine Angleichung an den deutschen Status quo zu erreichen. Dann stellte sich die Frage, was passiert, wenn in Europa ein Stichtag festgesetzt wird, der später liegt als der in Deutschland. In Abwägung kamen wir gemeinsam zu der Überzeugung, dass ein Stichtag in Europa besser ist als kein Stichtag.

Doch bei den Verhandlungen scheiterten Sie mit Ihrer Position?

Eine Mehrheit der Länder war gegen einen Stichtag und argumentierte mit Forschungsfreiheit und den Chancen für die Medizin. Manche sprachen sich mit ethischen Argumenten gegen eine Beschränkung der Forschung aus. Wenige Länder, Polen und Österreich, wandten sich gegen jede Form der Stammzellforschung und wollten deshalb auch keinen Stichtag akzeptieren. Es gab eine lange heftige Debatte, bei der ich am Ende mit meinem Antrag auf Einführung eines Stichtags in der EU unterlag. Gerade durch die Kompromissunfähigkeit der Gegner setzte sich schließlich die Liberalisierung durch. Es lässt sich geradezu als Lehrstück für eine christliche Politik nehmen, wie verheerend eine stringente und konsequente, aber kompromisslose Haltung sich auswirken kann.

Doch wieso kam es dann in Deutschland, mit Ihrer Unterstützung, zu einer erneuten Aufweichung der bestehenden Regelungen im Sinne der Forschungsfreiheit und gegen den Embryonenschutz?

Die Deutsche Forschungsgemeinschaft hatte einen Bericht zur Lage der Stammzellforschung vorgelegt, über den dann eine Debatte in Deutschland in Gang kam. Forschungspolitiker der FDP forderten daraufhin eine Abschaffung des Stichtags, andere eine Verschiebung. Es gab auch gewichtige Stimmen, die angesichts von fehlenden Fortschritten in der medizinischen Forschung vor jeder Änderung der gesetzlichen Regelung warnten. Ich habe in dieser Zeit zahlreiche Gespräche mit Wissenschaftlern und Medizinern, auch mit Theologen geführt. Mir wurde deutlich, dass die Reprogrammierung von Körperzellen eine Alternative zur embryonalen Stammzellforschung darstellt. Entsprechend habe ich damals ein neues Forschungsprogramm aufgestellt, das die Förderung dieses anderen unbedenklichen Zugangs fördern sollte. Ich wollte, dass Deutschland Vorreiter in diesem Bereich werden würde. Doch es stellte sich heraus, dass auch für diesen alternativen Weg zunächst noch embryonale Stammzelllinien nötig sind. Das hat für mich den Ausschlag gegeben, einer Verschiebung des Stichtags zuzustimmen und ihn als Forschungsministerin auch zu empfehlen. Damit sind wir in der Logik des Gesetzes geblieben. Es wird kein Anreiz geschaffen, embryonale Stammzelllinien herzustellen, da nur eine Verwendung von solchen zulässig ist, die vor dem Stichtag hergestellt wurden.

Wieder so ein Kompromiss. Damit standen Sie zwischen allen Stühlen?

Ja, viele Freunde in der Fraktion und auch in den Kirchen hatten erwartet, dass es zumindest zu keiner Veränderung in der Stammzellgesetzgebung kommen werde. Sie hatten mich geradezu als Garantin dafür gesehen. Manche hatten sogar gehofft, die Stammzellforschung könnte generell wieder abgeschafft werden. In der Wissenschaft hatten wiederum manche auf eine Liberalisierung gesetzt. Beide Seiten waren enttäuscht von meiner Position.

Sie haben dann auf dem CDU-Bundesparteitag in Hannover in einer dramatischen Nachtsitzung die Zustimmung der Partei für ihre Linie erstritten. Damals haben Sie als Forschungsministerin und als Theologin gesprochen. Warum?

Dem Parteitag lag ein Antrag vor, der die Mitglieder der CDU/CSU- Bundestagsfraktion binden sollte, eine Verlegung des Stichtags zu verhindern. Ich habe in meiner Rede dafür geworben, diese Abstimmung als Gewissensentscheidung der Abgeordneten zu akzeptieren und dargelegt, wieso ich einer Verlegung zustimmen kann. Da habe ich als Person gesprochen, die rechenschaftspflichtig ist gegenüber dem Parteitag, da ich als Forschungsministerin ja den Vorschlag gemacht hatte. Ich fügte hinzu, dass ich dies auch als Theologin vertreten könne. Damit stand ich nicht allein, denn auch Bischof Wolfgang Huber, der damalige EKD-Ratsvorsitzende, hatte erklärt, wieso er eine einmalige und letztmalige

Verlegung für verantwortbar halte. Gleichwohl war auch klar, dass dies nicht die Position der katholischen Kirche war.

Doch gerade Ihr Hinweis auf dem Parteitag, dass Sie Theologin seien, brachte Ihnen heftige Kritik von Seiten der katholischen Kirche ein ...?

In der Tat verschärfte sich die Debatte. Vor allem manche ungewöhnlich zugespitzten Vorwürfe auch aus katholischer Richtung sind mir damals sehr nahegegangen. Im Rückblick glaube ich: Da trägt dann jeder auch selbst die Verantwortung für die Tonlage, die er wählt. Doch ich glaube, gerade bei solchen Debatten ist es wichtig, in der Sache zu ringen und zugleich die unterschiedlichen Rollen von Kirche und Politik zu akzeptieren.

Wie haben Sie die Kritik empfunden?

Ich musste wissen, dass ich kritisiert werde. Das habe ich akzeptiert aus eben der Überzeugung heraus, dass die Kirche und ihre Vertreter eine andere Rolle wahrnehmen als Politiker. Ich habe mich allerdings auch gefragt, wie der Umgang mit Gewissensentscheidungen katholischer Christen in der Politik seitens der Kirchen ist. Wenn engagierte Katholiken den Eindruck haben, in schwierigen Situationen von der Amtskirche persönlich sehr viel mehr angegangen zu werden als andere politisch tätige Menschen, dann fördert das gerade nicht die Bereitschaft des öffentlichen und politischen Engagements der Gläubigen. Das aber genau brauchen wir. Das brauchen die Kirchen: mehr Christen, die sich in das öffentliche

Geschehen einbringen und Verantwortung übernehmen.

**Wie ist Ihr Resümee heute nach der Stammzelldis-
kussion von damals?**

Heute, über zwei Jahre danach, wird immer deutlicher, dass der Vergleich der unterschiedlichen
Forschungsansätze in der Grundlagenforschung
wichtig ist. Fortschritt in der Medizin entwickelt
sich aber da, wo alternative Wege zur embryonalen Stammzellforschung gegangen werden. Da
liegt die Zukunft. Und wenn wir dort Erfolg haben, dann hätte sich der damalige Streit gelohnt.

**Doch bleibt die Frage, ob man nicht anders hätte
handeln können, anstatt von Pragmatismus geleitet
zu einer Lösung zu kommen?**

Man kann immer auch anders handeln, mich hat
allerdings nicht der Pragmatismus geleitet. Ich
habe in der Abwägung den Weg gewählt, der mit
der größtmöglichen Chance verbunden war, den
Alternativen zur embryonalen Stammzellforschung zum Durchbruch zu verhelfen.

**Doch schon stehen neue ethische Fragen an, in
denen in der Politik gerungen wird. Etwa bei der
Debatte um die Präimplantationsdiagnostik (PID).
Wird hier das ungeborene Leben nicht schon wieder zum Spielball menschlicher Wünsche, wenn ein
Gericht hier die Auswahl gestattet? Müssen Christen da nicht das Stoppschild hochhalten?**

Es ist und bleibt richtig: Selektion darf es nicht
geben. Der Mensch schafft sich nicht selber, er

ist nicht der Schöpfer. Das ist die moralische Grundüberzeugung. Dem entspricht die Gesetzeslage im Embryonenschutzgesetz. Der Bundesgerichtshof hat erklärt, dass seine Entscheidung in besonders schwierigen Einzelfällen diese Gesetzeslage nicht in Zweifel ziehe. Wenn die PID in einem gravierenden Einzelfall straffrei bleibt, dann ändert sich dadurch nicht die ethische Bewertung. Deshalb ist der Einzelfall auch nicht geeignet zu einem neuen Gesetz. Das Urteil sanktioniert nicht ein Verhalten, das straffrei bleibt. Wenn der Bundestag versucht, aus Einzelfällen zu einem über das Embryonenschutzgesetz hinausgehenden Gesetz zu kommen, versucht er aus Situationen eines ethischen Dilemmas heraus zu Regeln zu kommen. Christen sind jenseits der Gesetzgebung aufgefordert, sich für die moralische Grundüberzeugung einzusetzen, also dafür, dass der Mensch seine Wünsche nicht zum Maß aller Dinge macht.

Wie ist es persönlich, wenn es eng wird bei der Stammzellforschung oder der Kopftuchfrage, wie besinnen Sie sich auf das Wesentliche?

Konzentration auf das Wesentliche meint, sich zu lösen von der Frage, wer erwartet jetzt was von mir. Egal, wie die Entscheidung ausfällt, es gibt immer auch enttäuschte Reaktionen. Es ist also müßig, nach einer Entscheidungsoption zu suchen, die das vermeidet. Ich habe in solchen Entscheidungssituationen den größten Teil der Anstrengungen darauf gesetzt, nach den Werten und Gütern zu fragen, die tangiert sind und die es abzuwägen gilt. Bei der Kopftuchfrage waren für mich die Fragen zentral: Kann ein Verbot zum Tragen des Kopftuches durch eine Lehrerin als Einschränkung der Religionsfreiheit gewertet werden? Ist eine solche Entscheidung zulässig? Für mich war das Verbot nur möglich, weil das Kopftuch auch andere Bedeutungen zulässt, etwa als Zeichen der kulturellen Abgrenzung oder als politisches Symbol. Darüber gehen natürlich die Meinungen auseinander. Im Raum stand auch die Frage – angesichts der höchst kontroversen öffentlichen Diskussion – was ist der Schule zumutbar? Was ist der Lehrerin zumutbar? Am Ende war ausschlaggebend für das Verbot der Hinweis von Verfassungsrechtlern, dass eine Lehrerin als Beamtin in einer öffentlichen Schule über jeden Zweifel erhaben sein muss, ein Zeichen der kulturellen Abgrenzung zu setzen. Das gelte auch dann, wenn ihr eigenes Motiv ein anderes sei. Viele Theologen haben die Entscheidung dennoch problematisch gesehen, weil sie auch die Bedeutung für zulässig hielten, dass die Religionsfreiheit tangiert sei. Da war und ist ein schmaler Grat. In Deutschland war diese Debatte auch der Beginn einer umfassenden Integrationsdebatte, die andere Themen nach sich gezogen hat – bis hin zur Islamkonferenz und zu der aktuellen Empfehlung des Wissenschaftsrates, Institute für islamische Studien einzurichten, die die Ausbildung von Imamen und Lehrern für einen islamischen Religionsunterricht leistet.

Wie beurteilen Sie vor diesem Hintergrund die aktuelle Debatte um die Burka und auch das Verbot?

Wer die Burka trägt, gibt sich nicht mehr zu erkennen. Das weckt Ängste vor kultureller Abschottung und fundamentalistischer Gesinnung. Eine Gesellschaft, in der Menschen aus unterschiedlichen Kulturen und Religionen leben, darf Abschottung und auch den Eindruck der Abschottung nicht zulassen. Gleiches gilt für fundamentalistische Gesinnung. Da wirkt auch der Hinweis auf das Selbstbestimmungsrecht der Frau nicht überzeugend. Wir sollten für unsere Werte einer modernen, offenen Gesellschaft klar eintreten. Wir sollten dem Eindruck entgegentreten, dass Freiheit, Respekt und Toleranz genutzt werden für Überzeugungen, die diesen Werten und Grundhaltungen skeptisch gegenüberstehen. Deshalb verstehe ich Forderungen nach einem Verbot, weiß aber, dass dies in Deutschland juristisch schwierig ist.

Ist der Gottesbezug in einer säkulareren Gesellschaft schon ein Wert an sich, den die Politik betonen muss? Oder verschreckt die Gottesrede das Wahlvolk?

Unser Grundgesetz beginnt mit den Worten „In Verantwortung vor Gott und den Menschen ...". Das meint: Die Staatssouveränität ist nicht ohne Grenzen und Bedingungen. Die Macht des Staates existiert nicht ohne Einschränkungen. Der Staat lebt von Voraussetzungen, die er nicht selbst garantieren kann (Böckenförde) und über die er nicht alleine verfügt. Politisches Handeln ist begrenzt und der Endlichkeit unterworfen. Politik ist nicht das Heil und kann das Heil nicht schaffen. Unser Grundgesetz beginnt mit einer Verantwortungsformel. Sie weist hin auf die Demut des Staates, der niemals eine perfekte Ordnung ist und keinen absoluten Wahrheitsgehalt beansprucht. Der Staat ist Menschenwerk. Das ist die Absage an jedwedes totalitäre System und somit ein grundlegender Wert im Selbstverständnis des Staates.

Wie ist es um die Neutralität des Staates bestellt, die kritischen Anfragen nehmen zu?

Bei der Verleihung des Freiheitspreises der FU Berlin an den südafrikanischen Erzbischof und Friedensnobelpreisträger Desmond Tutu, 2009

Das Grundgesetz ist die Verfassung eines Staates, der sich zu religiös-weltanschaulicher Neutralität bekennt. Er ist damit offen für alle Religionen und Konfessionen. Er will Heimat für alle Bürgerinnen und Bürger sein, gleich welcher Religion. Somit verbietet es sich, mit dem Gottesbezug in der Präambel Bürgerinnen und Bürger auf eine bestimmte Religion oder ein spezifisches Gottesbild zu verpflichten. Gleichwohl ist gemeint, dass der Staat nicht blind vor den Überzeugungen seiner Bürgerinnen und Bürger ist. Er praktiziert eine offene, fördernde Neutralität. Sie steht in einem unmittelbaren Zusammenhang mit der Religionsfreiheit und fördert eben diese Freiheit. Jeder und jede hat die Freiheit zu glauben oder eben nicht zu glauben. Diese Freiheit ist zugleich die Absage an einen Atheismus als Staatsreligion. Insofern ist der Gottesbezug in der Präambel ein Freiheitsimpuls. Er ist verbunden mit einem Toleranzgebot, das auf den ersten Blick wie eine Relativierung der Gottestexte gewertet werden kann. Auf den zweiten Blick kann aber Religion in der Toleranz auch ihre Erfüllung sehen. Der Bezug auf Gott in der Präambel des Grundgesetzes, die Nennung einer religiösen Instanz, bedeutet von daher ein Selbstverständnis von Religion als freiheitsstiftende Kraft. Dieser Hinweis auf Gott befördert keine Verengungsgeschichte und keinen Zwang. Er schafft im Zusammenhang mit der Religionsfreiheit eben auch die Freiheit zur Religion. Die Anrufung Gottes in der Verfassung bringt die Überzeugung zum Ausdruck, wonach in unserem Gemeinwesen nicht allein eine Rechenschaft des Staates vor seinen Bürgerinnen und Bürgern und deren Verantwortung vor dem Staat existiert. Es besteht auch eine gemeinsame Verantwortung vor einer alles Staatliche übersteigenden Instanz. So erweist sich der Gottesbezug in mehrfacher Hinsicht als wertvoll. Als Beispiel für die Akzeptanz des Gottesbezuges in der Präambel von Verfassungen kann das Volksbegehren in Niedersachsen im Jahr 1994 in Erinnerung gerufen werden. Dort sollte dieser Gottesbezug aus der Verfassung gestrichen werden. Dagegen erhob die Bürgerschaft Protest und sorgte mit einem Volksbegehren dafür, dass es dazu nicht kam. In jüngster Zeit wird in Umfragen des Instituts für Demoskopie Allensbach deutlich, dass die Bürgerinnen und Bürger den Einfluss christlicher Werte in der Politik gutheißen. Davon zu unterscheiden ist der größere Einfluss der Kirchen auf die Politik. Der wird skeptisch gesehen.

Das Votum gegen Pro Reli in Berlin oder das ablehnende Urteil zum Beten in der Schule sind Beispiele dafür, dass sich der gesellschaftliche Konsens im Bezug auf Religion und Glaube im öffentlichen Raum auflöst?

Der Ausgang von „Pro Reli" war enttäuschend. Die Entscheidung zum Gebet in der Schule zeigt, dass wir uns noch nicht wirklich auf eine religiös plurale Gesellschaft eingestellt haben. Das starke Plädoyer bei dem Volksbegehren für den Ethikunterricht anstelle eines Religionsunterrichtes reduziert Religion auf reine Wertefragen. Religionsunterricht als ordentliches Unterrichtsfach ist aber immer bekenntnisorientiert. Er ermöglicht Beheimatung in der eigenen Religion und die Herausbildung eines eigenen Standpunktes. Das ist eine zwingende Voraussetzung für den interreligiösen Dialog. Wem religiöse Bildung vorenthalten wird, der wird religiös sprachlos. Im Religionsunterricht geht es zunächst um die Frage nach Gott. Aus dem Glauben an Gott und der damit verbundenen religiösen Tradition erwachsen Werte. Wertedebatten gehören zum Religionsunterricht, machen aber nicht sein Proprium aus. Im Übrigen finde ich, dass die Alternative zum Religionsunterricht ein ordentlicher Philosophieunterricht sein sollte, auch das ist mehr als Ethik. Philosophische Bildung gewinnt an Bedeutung, wenn immer mehr Kinder und Jugendliche keiner christlichen Konfession angehören.

Essensausgabe beim Jugendtag im Kloster Untermarchtal, 2008

WIRKUNG –
CHRISTEN IN POLITISCHER
VERANTWORTUNG

Denn jeder wird mit Feuer gesalzen werden. Das Salz ist etwas Gutes. Wenn das Salz die Kraft zum Salzen verliert, womit wollt ihr ihm seine Würze wiedergeben? Habt Salz in euch und haltet Frieden untereinander!

Mk 9,49–50

**Was lieben Sie eigentlich an der Politik? Die Macht?
Den Kompromiss? Das Scheinwerferlicht?**

Macht, Kompromisse und Scheinwerferlicht gehören zur Politik. Macht und Einfluss ermöglichen, das für richtig Erkannte auch durchsetzen zu können und die dafür notwendigen Mehrheiten zu bekommen. Kompromisse gehören zum politischen Alltag. Wer in den vielen Sachfragen glaubt, kompromisslos an seiner Linie festhalten zu müssen, verliert Glaubwürdigkeit in politischen Debatten. Das Parlament führt Debatten, die mit dem Ringen in der Sache verbunden sind. Das „Strucksche Gesetz", wonach kein Gesetz so das Parlament verlässt, wie es eingebracht wurde, steht hierfür exemplarisch. Mit Scheinwerferlicht ist ja

Im Haus der kleinen Forscher in Ulm, 2010

vor allem gemeint, wahrgenommen zu werden. Wer das nicht schafft, hat ein Problem. Dessen Themen kommen dann irgendwann nicht mehr vor. Wer will, dass Bildung und Forschung im Blick auf politische Projekte und die Finanzausstattung Priorität werden, muss wahrgenommen werden und überzeugend klarmachen, dass diese Priorität sinnvoll und wichtig ist. 12 Milliarden Euro mehr Ausgaben im Bundeshaushalt in dieser Legislaturperiode fallen nicht vom Himmel. Nur mit öffentlicher Beachtung für die Themen und die dafür stehenden Personen lässt sich das erreichen.

Wie ist das bei Ihnen persönlich?
Ich suche bekanntlich das Scheinwerferlicht nicht. Mir kommt manches auch schlicht albern vor. Wenn die Ratschläge von Agenturen helfen sollen, wenig Substanz durch viel Inszenierung zu übertünchen, kann ich dem nichts abgewinnen. Meine Leidenschaft gehört eindeutig der Sache und der Kraft der Argumente. Der leidenschaftliche Einsatz von Personen für die Sache, nicht der Einsatz von Themen für Personen, das macht für mich gute Politik aus. Und ich halte viel vom Mannschaftsspiel. Politik kann da vom Fußball lernen. Die Fußballweltmeisterschaft in Südafrika ist ein Beispiel dafür gewesen. Alle Kommentatoren haben darauf hingewiesen, dass das Erfolgsrezept unserer Mannschaft ihr Teamgeist war.

Wie haben Sie das Politische entdeckt und wie können andere es wieder für sich entdecken, gerade Christen?

Ich habe das Politische während meiner Schulzeit entdeckt – in meiner Arbeit als Schülersprecherin. Ein wichtiges Projekt war für mich, einen neuen Bildungsgang in der Oberstufe durchsetzen zu können, der vor der Einführung des Kurssystems einen Schwerpunkt in Philosophie und Erziehungsissenschaften ermöglichte, neben den damals klassischen Kernfächern. Schule und Schulverwaltung waren davon zu überzeugen, dass das mehr als der Wunsch einer Schülergeneration war, vielmehr eine bildungspolitisch sinnvolle Erweiterung des schulischen Angebotes. Das ist zugegebenermaßen ein kleines Beispiel. Es ging noch nicht um Parteipolitik. Damit war keine Parlamentszugehörigkeit verbunden. Diese Erfahrung hat mich auch nicht daran gehindert, nach meinem Studium zunächst 15 normale Berufsjahre zu erleben, bevor ich dann hauptberuflich 1995 in die Politik gegangen bin. Es hat mich aber gelehrt, das Politische beginnt vor dem Mandat. Der Raum des Politischen ist größer als der der Parteipolitik, weshalb wir diesen oft als vorpolitisch bezeichneten Raum nicht unterschätzen sollten.

Aber das Politische ist eben offenbar nicht mehr so anziehend für Christen?

Wenn Christen heute das Politische für sich entdecken wollen, haben sie dafür viele kleine Gelegenheiten. Ein großes Beispiel, das im wahren Sinn des Wortes unser Land und Europa verändert hat, liegt gerade 20 Jahre zurück und datiert auf das Jahr 1990, das Jahr der Deutschen Wiedervereinigung. Sie war lange ersehnt. Sie war möglich durch die Zivilcourage vieler Bürgerinnen und Bürger, die im Jahre 1989 die Mauer zu Fall brachten. Daran wirkten Christen und Christinnen mit, die mit Kerzen auf die Straße gingen und in der DDR und in den Ländern Mittel- und Osteuropas zu Schlüsselfiguren für die friedliche Revolution wurden. Sie hatten die Kraft zur Relativierung von Staaten, die die Freiheit fürchteten. Sie überwanden die Unfreiheit. Sie hatten die Kraft zur Freiheit. Die Funktionäre der DDR haben mit allem gerechnet, aber nicht mit der Kraft der Kerzen und Gebete. So konnten die Teilung Europas und die Teilung Deutschlands nach Jahrzehnten überwunden werden. Das zeigt übrigens auch,

Vereidigung als Kultusministerin in Baden-Württemberg am 26. Juli 1995

dass politischer Pragmatismus nicht ausreicht. Man soll ihn nicht verachten, aber die Kunst des Politischen ist mehr. Hannah Arendt spricht davon, dass der Sinn von Politik die Freiheit sei – nicht die Beliebigkeit und nicht die Durchsetzung eigener Interessen. Zur politischen Kunst gehört die Kraft zur Freiheit.

Fromm und politisch, wie geht das zusammen?

Manche finden, dass das nicht zusammengehen kann. Das habe ich in meinem politischen Leben mehrfach und auf unterschiedliche Weise erfahren. Als ich im Jahre 2004 als mögliche Kandidatin für das Amt der Bundespräsidentin „gehandelt" wurde, hörte ich in der Tagesschau einen FDP-Abgeordneten sagen: Wer so katholisch sei, könne nicht dieses Amt übernehmen. Da müsse man ja befürchten, dass der Einfluss aus Rom zu groß sei. Er hat sich später bei mir dafür entschuldigt. Aber es war gesagt. Auf der anderen Seite erlebte ich in einer öffentlichen Veranstaltung im Katholischen Büro, damals noch in Bonn, dass eine Zuhörerin nach meinem Vortrag meinte: „Frau Schavan, Sie müssen sich entscheiden: Entweder fromm oder politisch!" Im einen Fall wird eine Abhängigkeit der Katholiken von Rom suggeriert, die allzu viel Einfluss auf die Ausübung eines Amtes nimmt. Das würde dann allerdings nicht nur für das genannte Bundespräsidentenamt gelten. Im anderen Fall zeigt sich die Skepsis vor der politischen Kultur und dem politischen Kompromiss. Für mich sind Frömmigkeit und politische Verantwortung zwei Seiten einer

Medaille. Aus meinem Glauben erwächst Verantwortung, die über das eigene Wohlergehen und
gelingende Leben hinausgeht: Verantwortung für
das Gemeinwohl und Gemeinwesen. Daraus
erwachsen Grundhaltungen, Werte und Überzeugungen, die ich in meine politische Arbeit einbrin-
ge. Zu denen stehe ich auch dann, wenn ich sie
nicht eins zu eins umsetzen kann. Politik als
überzeugungsfreie Zone wäre reine Technokratie.
Religion ohne Bezug zum Politischen ist für mich
eine Art religiöser Egoismus. Das Heil der eigenen Seele wird vor das Seelenheil der anderen
und das Gelingen des Gemeinwesens gesetzt.
Wer den Kompromiss generell ablehnt, kann sich
mit dem Politischen nicht anfreunden und muss
dann auch zusehen, wie das Christentum an
Bedeutung für das öffentliche Wohl verliert.

**Wann haben Sie sich schon mal über einen Kom-
promisses geärgert?**
Natürlich gibt es über die Jahre immer mal wieder Entscheidungen, bei denen im erreichten
Kompromiss weniger von dem steckt, was ich
wichtig fand und mir gewünscht hätte. Es gibt
verschiedene Arten von Entscheidungen. Reine
Sachentscheidungen, solche, die nicht das
Gewissen betreffen. Dann gibt es die Entscheidungen von grundlegender Bedeutung, zum Beispiel die Debatte über eine gesetzliche Regelung
zur Patientenverfügung. Da hat mich geärgert,
dass in meiner eigenen Fraktion keine Kraft zu
einem mehrheitsfähigen Kompromiss zwischen
den eng beieinanderliegenden Entwürfen möglich

war. Es ging nach meinem Verständnis um Nuancen. Aber jede Gruppe blieb bei ihrem Entwurf. Das Abstimmungsergebnis im Bundestag brachte dann eine Mehrheit für einen deutlich weitergehenden Entwurf im Sinne des Selbstbestimmungsrechtes der Patienten, der federführend aus den Reihen der SPD stammte. Hätte die Union sich intern geeinigt, wäre das vielleicht zu verhindern gewesen. So aber bestanden die einen auf letzten Feinheiten und machten eine gemeinsame Position unmöglich. Das war ein hoher Preis für die Unfähigkeit zum Kompromiss. Und natürlich hat sich manch einer gefragt – auch ich – ob eine gesetzliche Regelung für eine ethisch so anspruchsvolle Situation am Lebensende wirklich der Komplexität gerecht wird, die in jeder einzelnen Situation vorliegt.

Können Sie uns eine Theologie des Kompromisses skizzieren?

Es gibt gewiss keine Theologie des Kompromisses. Aber es gibt in der katholischen Moraltheologie die Lehre von der Epikie für die Anwendung von Normen. Sie geht von einem Verhalten aus, das den Gesetzesnormen gerecht wird, ohne sie auf reine Legalgerechtigkeit zu reduzieren. Die Lehre von der Epikie nennt als Kriterien für das Verhalten des Menschen im Umgang mit positiven Gesetzesnormen: Zumutbarkeit, Angemessenheit und Billigkeit. Sie verlangt die Orientierung am übergreifenden Gedanken der Gerechtigkeit als Ausdruck von „rechtschaffenem" Verhalten. Epikie meint eine sittliche Grundhaltung, eine Tugend im Blick auf das jeweils sittlich Gebotene in einer konkreten Situation. Die Lehre von der Epikie findet sich bereits bei Aristoteles und wird von Thomas von Aquin übernommen. Bei ihm ist sie maßgebend im Umgang mit der Legalgerechtigkeit, gleichsam als höhere Regel für menschliches Handeln. Schon bei Aristoteles gilt Epikie nicht als Verwässerung, sondern als Verbesserung des Gesetzes. In der langen Tradition des Begriffs ist immer auch die Frage behandelt worden, ob dem Menschen eine solche Tugend zuzutrauen bzw. zuzumuten sei. Die Lehre von der Epikie gewinnt an Bedeutung im Kontext einer politischen Anthropologie und zeichnet den Menschen als zoon politikon aus. Sie ist schließlich aufgenommen im Begriff der Gewissensfreiheit.

Also doch eine theologische Annäherung an die Politik?

Das ist jedenfalls der Hinweis darauf, dass Legalgerechtigkeit nicht ausreicht. Aus dieser Lehre von der Epikie erklärt sich auch, was Klaus Hemmerle, der frühere Aachener Bischof, in seinem Buch „Unterscheidungen" (1967) über den Zusammenhang von Christentum und Politik schreibt: „Politisches und Christliches können nur dann füreinander fruchtbar werden, wenn sie sich voneinander unterscheiden, um in solcher Unterscheidung Impuls füreinander zu werden." Und er sagt weiter: „Denn auch das Christliche kann in seinem Verständnis und in seiner Realisierung vom Politischen lernen." Er beschreibt die Politik als eine Kunst der Gestaltung der gesellschaftlichen Verhältnisse, die in ihrer Heterogenität eine Gestaltung spannungsreicher Verhältnisse verlangt – zwischen Idee und Wirklichkeit, Maßstab und Erfolg, Individualität und Gemeinwohl sowie Autonomie und Partizipation. Er beschreibt ein politisches Selbstverständnis, das nicht menschliches Heil, menschliche Würde und menschliche Freiheit schaffen will, sondern darum weiß, dass diese der Politik vorgegeben sind. Wenn Überzeugungen in politischen Entscheidungen zum Tragen kommen sollen, dann braucht es dazu eine Mehrheit. Kompromisse sind nicht per se Verrat an Überzeugungen. Es gibt nach meiner festen Überzeugung so etwas wie die ethische Würde des Kompromisses. Manchmal ist der Kompromiss zwingend, um durch Zustimmung zum kleineren Übel das größere Übel zu vermeiden. Die Frage nach der Zumutbarkeit, Billigkeit und Angemessenheit ist keine moralische Laxheit, sondern in einer langen Tradition der katholischen Moraltheologie als sittliche Grundhaltung beschrieben, als ein höchst anspruchsvolles Verhalten des Menschen im Umgang mit Normen. Diese Grundhaltung gehört zum Kern einer Kunst des Politischen.

Bleibt die spannende Frage, ob sich der Christ über bestehende Gesetze hinwegsetzen darf oder muss?
In der Lehre von der Epikie setzt sich niemand über das Gesetz hinweg. Sie meint die Beschäftigung mit dem Geist des Gesetzes und sucht nach Wegen, dem Gesetz in seiner angemessenen Anwendung gerecht zu werden.

Wirtschaftskrise und Milliarden-Schulden. Wie kann die katholische Soziallehre wieder Kraft gewinnen? In welche Richtung muss gedacht werden?

Die katholische Kirche hat wie kaum eine andere Institution langjährige internationale Erfahrung. Ihr großes Thema – und das der christlichen Kirchen generell – muss sein, was Papst Paul VI. in seiner Enzyklika Populorum Progressio so beschrieben hat: „Der neue Name für Friede ist Entwicklung." Die Wirtschaftskrise ist ebenso ein internationales Thema wie die Energieversorgung, der Klimaschutz und die Welternährung. Lösungen werden nicht alleine im nationalen Kontext gefunden. Lösungen dürfen nicht auf Kosten der Ärmsten gehen. Soziales Gewissen darf nie nur

Besuch eines Sozialprojektes in Neu-Delhi, 2007

auf das eigene Land bezogen sein. Da liegt die große Chance der katholischen Soziallehre – in ihrer internationalen Kompetenz, die sie entwickeln und die sie zu einem internationalen Netzwerk der Sozialethiker führen muss. Es reicht nicht aus, über Feinheiten des Sozialstaates in Deutschland zu diskutieren, im Wissen darum, dass wir längst Schulden aufgehäuft haben, die auf Kosten der Generationengerechtigkeit gehen und auch unsere Möglichkeiten zu internationaler Entwicklungszusammenarbeit einschränken.

Doch gerade die Entwicklungszusammenarbeit, in der sich viele Christen über Jahrzehnte engagiert haben, scheint an einem toten Punkt angelangt zu sein. Option für die Armen, was heißt das noch?

Option für die Armen meint, dass für Christen der Blick auf die Schwächsten immer an erster Stelle steht. Gerechtigkeit meint Beteiligungsgerechtigkeit, das haben wir in den zurückliegenden Jahrzehnten vielleicht bisweilen zu wenig beachtet. Jede staatliche und auch kirchliche Hilfe muss zu Beteiligung führen, nicht zur Vermehrung von Hartz IV-Empfängern oder Zuschussempfängern in der internationalen Entwicklungszusammenarbeit. Deshalb gewinnen dort übrigens internationale Kooperationen zum Aufbau von Bildungs-, Wissenschafts- und Forschungsinfrastruktur an Bedeutung. Der Jesuit und Sozialethiker Oswald von Nell-Breuning hat schon vor Jahrzehnten darauf hingewiesen, dass es auch eine Art staatlicher Hilfe geben könne, die Initiative und Beteiligung eher verhindere. Moderne Sozialpolitik muss Teilhabe bewirken und Kräfte wecken. Das führt auch bei uns zu einer stärkeren Berücksichtigung von Bildung in den sozialpolitischen Debatten. Oder noch deutlicher gesagt: Mehr Transferleistungen führen nicht automatisch zu mehr Teilhabe. Aufmerksamkeit für in Not geratene Bürgerinnen und Bürger geht über die sozialen Sicherungssysteme hinaus. Im Neuen Testament wird von den ersten Christen berichtet: Sie kannten ihre Armen und gingen in deren Häuser. Das ist mehr als staatliche Leistung.

In den Kirchen gibt es Überlegungen für ein neues „Sozialwort". Aber soziales Mahnen verhallt in der Politik oft. Was genau kann die Politik von den Gläubigen und von den Theologen heute lernen?

Ein neues „Sozialwort" sollte vor allem keine Epistel an die Politik sein. Es muss sich an die Gesellschaft als politisches Subjekt wenden. Es kann herausarbeiten, wie das Wirken und die Wirksamkeit christlicher Gemeinden und Institutionen in den Entwicklungsprozessen unserer Gesellschaft in Zukunft aussehen wird. Wie wäre es mit einer Vision „Deutschland 2030"? Wer wirklich Neues entdeckt, wird gehört. Wer wiederholt, was eh alle sagen, gewiss nicht.

Muslime in der CDU. Ist der abrahamitische Gott die Lösung für die C-Debatten? Oder bleibt was spezifisch Christliches?

Seit den Zeiten von Konrad Adenauer und festgehalten in jedem Grundsatzprogramm der CDU ist die Feststellung, dass die ethischen Grundlagen des Christentums auch Grundlage unserer Politik sind. Dann folgt der Satz: „Auf dieser Grundlage arbeiten Christen und Nichtchristen zusammen." Es ist also nicht die Rede von einem bestimmten Gottesbild, sondern von ethischen Grundlagen. Als die CDU gegründet wurde, ging es um neue Verbindungen und gemeinsames politisches Engagement von christlichen Konfessionen, nicht schon um Religionen. Inzwischen leben in Deutschland rund 4,3 Millionen Muslime. Die Frage, ob sie in der CDU mitarbeiten und in CDU-geführten Regierungen Minister werden können, entscheidet sich deshalb auch nicht an ihrem Gottesbild, sondern an der Frage, ob sie die ethischen Grundlagen vertreten können. Die neue niedersächsische Sozialministerin Aygül Özkan hat diese Frage beeindruckend beantwortet, indem sie darauf hingewiesen hat, dass ihr gerade diese Werte wie Familie und Nächstenliebe wichtig sind. Das spezifisch Christliche zeigt Wirksamkeit gerade darin, nicht exklusiv nur von Christen akzeptiert zu werden, vielmehr eine darüber hinausgehende Wertschätzung zu erfahren. Und der Amtseid der neuen Ministerin mit dem Zusatz „so wahr mir Gott helfe" hat auf eine sehr authentische Weise aufgenommen, dass eine Politikerin muslimischen Glaubens jene Verantwortung zum Ausdruck bringt, die ich im Zusammenhang mit dem Gottesbezug im Grundgesetz beschrieben habe. Das Christentum erweist sich als Quelle von Werten und Grundhaltungen, die auch Mitglieder anderer Religionsgemeinschaften schätzen.

Also spielt der Glaube doch keine Rolle, nur die abgeleiteten Werte? Özkan wollte auch die Kreuze in Schulen abhängen?

Ministerin Özkan hat das ja längst richtiggestellt. Ich bin sehr für Kreuze in öffentlichen Räumen. In meinen Dienstzimmern ist das für mich mehr als ein Einrichtungsstück, allerdings auch mehr als Demonstration. Es ist Ausdruck für das, woran ich glaube und worin der Grund meiner Hoffnung liegt. Gleichwohl finde ich manchmal die Aufregung über ein abgehängtes Kreuz ziemlich künstlich. Wenn der Glaube in der Politik keine Rolle spielen würde, dann gäbe es den Zusatz zum Amtseid nicht, „so wahr mir Gott helfe". Der wird nicht nur von Christdemokraten gesprochen, weshalb auch gilt: Was uns in der CDU für unser Selbstverständnis besonders wichtig ist, kann auch anderen wichtig sein. Das ist keine Schwächung des eigenen Profils. Das ist Ausdruck der Kraft des Christentums, die sich von der CDU nicht domestizieren lässt.

Müssen sich die engagierten Christen in der CDU zu einer Gruppe zusammenfinden, um schlagkräftiger zu werden?

Sie müssen es nicht. Wenn es dann doch so kommt, muss man nicht gleich über sie herfallen. Es gibt eine Reihe von Kreisen und Arbeitsgruppen in der CDU. Wir sind eine lebendige Volkspartei und müssen Debatten nicht scheuen. Zu den wertvollen Grundlagen in einer Gruppe gehören der Respekt und seine Schwester, die Toleranz. Sie helfen im Umgang mit kritischen Stimmen ungemein und schaffen eine Gesprächskultur, die von persönlichem Wohlwollen geprägt ist. Dann lässt sich auch in der Sache heftig streiten. Unser Problem in der Partei und übrigens auch in der Koalition ist ja nicht der Streit in der Sache. Der gehört zur Kultur des Politischen, in der immer um den besten Weg und die beste Lösung gerungen wird. Unser Problem ist die Vermischung von Sache und Person und die persönlichen Vorwürfe, die über die Medien gezielt verbreitet werden. Solch persönlicher Streit wird der CDU besonders übel genommen, weil gerade von uns als bürgerlicher Partei anderes erwartet wird. Man kann nicht ständig von der Würde eines jeden Menschen sprechen und ihn unentwegt zur Zielscheibe persönlicher Vorwürfe machen. Schlagkräftiger wird die CDU damit gewiss nicht. Sie riskiert vielmehr, dass erbrachte politische Leistungen kleingeredet und Erwartungen gehegt werden, die nicht erfüllbar sind.

Oder müssen sich die politischen Christen in einer Gruppierung neu zusammenfinden?

Wo solche Parteigründungen erfolgt sind, waren sie in der Regel mit speziellen Anliegen verbunden. Als Volkspartei hat sich keine verstanden. Politische Christen, also solche, die politische Verantwortung übernehmen wollen, können es doch am besten da, wo sie politische Gestaltungskraft zeigen können. Das heißt dann auch, die eigenen Ansichten nicht für die einzig möglichen zu halten. Wir stoßen an die immer gleiche Frage: Sind Dialogfähigkeit, Toleranz, Kompromissfähigkeit schädlich für ein christliches Profil? Kann also eine „C"-Partei als Volkspartei wirklich erfolgreich sein, ohne ihren Markenkern zu verraten? Sind Modernisierungsprozesse gleichbedeutend mit der Vernachlässigung von Tradition und Verunsicherung über das Wertefundament? Existiert das christliche Profil wirklich im Singular? Solche Fragen sind nicht abwegig und sie helfen, Zerrbilder zu vermeiden. Sie betreffen die Haltung, aus der heraus wir Politik gestalten, ebenso wie konkrete politische Lösungen. Ich habe in anderen Passagen versucht, deutlich zu machen, dass ich davon überzeugt bin, dass das „C" nicht für Beharrungsvermögen steht und auch nicht gleichzusetzen ist mit konservativ.

Was ist konservativ heute für Sie und was christlich und wie stehen beide Begriffe zueinander?
Der Konservativismus bezeichnet eine politische Richtung. Das Christentum entaltet sich in einer über 2000-jährigen religiösen Tradition. Christen sind konservativ, liberal oder sozial geprägt und lassen sich aufgrund ihres Christseins keiner politischen Tradition zuordnen. Für mich verbinden sich mit dem Konservativismus bürgerliche Grundhaltungen und die besonders kritische Prüfung all dessen, was neu Geltungsansprüche stellt. Beweispflichtig ist der, der verändern, nicht der, der bewahren will. Konservative appellieren an die Freiheit des Einzelnen, wenn es um den Sozialismus geht. Sie warnen vor zu viel Freiheit, wenn es um gesellschaftspolitische Themen geht und bekennen sich zu einem starken Staat in

allen sicherheitspolitischen Fragen ebenso wie in allen klassischen Fragen der Innenpolitik. Manchen habe ich allerdings auch schon verblüfft mit der Erinnerung an den Satz von Franz Josef Strauß: „Konservative marschieren an der Spitze des Fortschritts."

Wie ordnen Sie das Christliche ein?

Das christliche Grundverständnis lässt sich in keine politische Strömung fassen. Es ist mehr, eben eine 2000-jährige Tradition der Beschreibung und des Verständnisses der Beziehung Gottes zum Menschen, des Verhältnisses von Gott und seiner Welt und der Auslegung der Schriften des Alten und Neuen Testamentes. Es betrifft den persönlichen Glauben von Menschen. Es orientiert sich an der Botschaft Jesu und ist verbunden mit dem Glauben an ihn als den Sohn Gottes. Die Qualität des Christlichen entscheidet sich mitnichten am Konservativen. Deshalb war es folgerichtig, dass die CDU sich, als sie gegründet wurde, unter das christliche Dach gestellt hat, darunter benennt sie ihre Wurzeln in sozialen, liberalen und konservativen Wertvorstellungen. Und vielfach ist auch darauf hingewiesen worden, dass sie dann besonders innovativ war, wenn es ihr gelungen ist, eine gute Balance zwischen diesen Wertvorstellungen zu erreichen.

WÜRDE –
GLAUBE MEINT NACHFOLGE

Da rief Jesus sie zu sich und sagte: Ihr wisst, dass die, die als Herrscher gelten, ihre Völker unterdrücken und die Mächtigen ihre Macht über die Menschen missbrauchen. Bei euch aber soll es nicht so sein, sondern wer bei euch groß sein will, der soll euer Diener sein, und wer bei euch der Erste sein will, soll der Sklave aller sein.

Mk 10,42–44

Die Säkularisation der Gesellschaft, wir haben es angesprochen, schreitet voran. Mehr Vielfalt und marginalisierte Christen sind die Folge?

Religiöse Pluralität wird ebenso zunehmen wie die kritischen Anfragen an alle Institutionen, also auch die Kirchen. Die kulturprägende Kraft des kirchlichen Christentums hat schon abgenommen. Das lässt sich an simplen Beispielen wie der Sonntagskultur festmachen. Das zeigen Debatten über verkaufsoffene Sonntage und auch die Selbstverständlichkeit, mit der spätestens ab Sonntagnachmittag die Politik sich des Sonntags bemächtigt. Sitzungen werden häufiger. Die Vermehrung der Termine ist augenscheinlich. Und wer als Mitglied der Berliner politischen Klasse nicht Termine im Wahlkreis oder Sitzungen in Berlin hat, macht sich zumindest am Sonntag auf den Weg vom Wahlkreis nach Berlin. Der Sonntag als Tag der Ruhe und Muße wird zum Luxus. Das macht Politik vermutlich nicht besser. Wer erklärt, er wolle eigentlich nicht schon am Sonntag zu Klausurtagungen kommen oder dienstliche Auslandsreisen beginnen, wirkt wie aus einer anderen Welt und kriegt es auch kaum hin angesichts der Fülle an Terminen. Und manchmal scheint für einen Politiker das Wichtigste an einem Sonntag zu sein, ein Interview, zumindest ein ordentliches Statement von sich in einer Zeitung zu lesen. Das läuft ab Samstag über den Ticker, so dass die Botschaft im besten Fall schon in weiteren Medien verbreitet wird. Ist das schon ein erfolgreicher Sonntag? Solche Beobachtungen und Erfahrungen zur Veränderung von kultureller Prägekraft des Christentums machen deutlich, dass es immer weniger mit allgemeingültigen Regeln verbunden ist. Das Christentum lebt von der individuellen Entscheidung und Nachfolge. Die kann dann umso wirksamer sein, weil sie auffällt. Deswegen können Christen in einer stärker entkirchlichten Gesellschaft durchaus Gewicht und Aufmerksamkeit erlangen. Die Religionsfreundlichkeit einer Gesellschaft und Kultur zeigt sich darin, dass sie Raum für solche individuellen Entscheidungen und religiöse Entfaltung gibt.

Wie wäre es mit einem politikfreien Sonntag?
Pure Illusion. Es ist schon viel erreicht, wenn Christen Politik am Sonntag nicht zur Gewohnheit werden lassen und wenn nicht immer mehr Einkaufszeiten am Sonntag als Fortschritt gelten. Irgendwie gilt auch da der simple Grundsatz: selbst tun, was ich für richtig und kulturell wertvoll halte und das nicht zugleich allen anderen aufzwingen wollen.

Ist eine stärkere Trennung von Staat und Religion die Folge?
Deutschland ist eine religionsfreundliche Gesellschaft. Laizistische Gesellschaften sind dagegen weniger religionsfreundlich und machen Religion zur Privatsache. Es kommt deshalb auch nicht von ungefähr, dass in einer modernen Gesellschaft wie der französischen der Laizismus durchaus diskutiert und auch infrage gestellt wird. Der Laizismus ist kein Vorbild für Deutsch-

land und ein zivilisatorischer Fortschritt ist er auch nicht. Er ist nicht zu bewerten als Fortschritt. Er wirkt ängstlich im Blick auf Religion. Der amerikanische Religionssoziologe José Casanova hat jüngst ein Buch veröffentlicht mit dem Titel „Europas Angst vor der Religion" (Berlin, 2009). Er macht die Angst vor der Religion fest an der Angst vor dem Islam. Der Satz des niederländischen Politikers Geert Wilders , dessen Partei bei den letzten Wahlen in den Niederlanden starke Zustimmung erhalten hat, scheint das zu bestätigen. Er hat nach den Wahlen sinngemäß gesagt: Der Islam ist keine Religion, er ist eine Ideologie. Religiöse Pluralität macht Respekt und Toleranz bedeutsamer. Christen sollten deshalb den christlich-islamischen Dialog nicht scheuen und darum wissen, dass der, der so redet, bald Vergleichbares über andere Religionen sagt.

Wird Deutschland amerikanischer – oder atheistischer?

In den USA dominiert der Evangelikalismus die Religionskultur. Das ist nicht erst heute so. Die Evangelikalen prägen die Werte und Überzeugungen in der amerikanischen Politik seit der Kolonialzeit. Marcia Pally, Professorin für Multilingual Multicultural Studies in New York, spricht in ihrem Buch „Die hintergründige Religion" (Berlin, 2008) davon, dass der Evangelikalismus in den USA oft mit konservativer Politik in Verbindung gebracht wurde, die meiste Zeit in der Geschichte der USA aber radikal-progressiv gewesen sei. Die „neuen Evangelikalen" vertreten nach ihrer

Analyse eine anti-militaristische, antikonsumisti-
sche und ökologische Politik. Beide Bücher, die
von Casanova und von Pally, sind übrigens nicht
nur im Berliner Verlag erschienen, sondern sind
entstanden aus „Berliner Reden zur Religionspoli-
tik" an der Humboldt-Universität zu Berlin. So
heißt auch die Reihe, in der die Bücher erschienen sind. Berlin ist also nicht, wie oft behauptet,
eine gottlose Stadt. Zutreffender ist wohl: In Berlin wird um Standpunkte gerungen. Deutschland

Rede im amerikanischen Außenministerium anlässlich
des Kooperationsvertrages über Sicherheitsforschung, 2010

wird seinen eigenen Weg gehen, weder französischer noch amerikanischer werden. Es hat gute Erfahrungen gemacht mit der offenen weltanschaulichen Neutralität. Es hat den Kirchen Raum gegeben für öffentliches Wirken. In Deutschland ist eine hohe Kompetenz an den theologischen Fakultäten entwickelt worden, die international wirksam geworden ist. Religion ist für den Zusammenhalt unserer Gesellschaft auch heute bedeutsam. Sie handelt von dem, was Menschen heilig ist. Unsere Gesellschaft hat davon profitiert, dass sich Kirchen und Religionsgemeinschaften entfalten können. Auch deshalb, weil sich der Staat der Religion nicht bemächtigt, sondern die kooperative Trennung von Staat und Kirche zu einem gelungenem Modell geworden ist, das friedenstiftend wirkt.

Wie kann denn eine christliche Politik in Zukunft aussehen?

Die Haltung, die mit christlicher Politik verbunden ist, hat mit Respekt vor Würde und mit Toleranz gegenüber Andersdenkenden und Andersgläubigen zu tun. Wer selbst glaubt, wem etwas heilig ist, der hat keine Angst vor anderen Religionen. Jedenfalls dann nicht, wenn er nicht zum Eiferer geworden ist. Er sollte sich der Unterscheidung bewusst sein, die Klaus Hemmerle gemacht hat und nicht versuchen, Politik zu Religion und Religion zu Politik zu machen. In der Differenzierung liegt der Weg, nicht in der Parole.

Politik, die von ethischen Werten des Christentums geprägt ist, steht im Dienst der Freiheit.

Wer, wenn nicht wir Christen, kann mit Leidenschaft für die Wahrung der Würde und der Freiheit des Menschen kämpfen – gegen die vielen Versuche, den Menschen und seine Freiheit zu vereinnahmen. Es geht nicht um Gott oder Welt, um Freiheit oder Bindung. Wir dürfen nicht trennen, was zusammengehört. In einem schönen Bild hat das der Würzburger Theologe Elmar Klinger formuliert: „Der Christ und die Christin sind Menschen, die an den Himmel glauben und die Erde lieben. In ihrer Existenz durchdringen sich Himmel und Erde. Ihre Liebe ist ein Glaube an Gott, und ihre Liebe zu Gott ist ein Glaube an die Welt." Das ist ein Standpunkt, der die Welt verändert. Wer Gott und den Menschen voneinander trennt, wer Gott und die Welt voneinander entfernt, der wird nicht verändern. Der versucht im Zweifel, den Himmel auf die Erde zu holen, übernimmt sich dabei und richtet Unheil an. Wir sind zum Leben befreit, wir dürfen das Leben wagen, weil Gott es mit uns geht. Wir dürfen die Freiheit wagen, weil wir nicht Sklaven eigener oder fremder Interessen sind. Wir gelten nicht nur so viel, wie wir leisten. Der Mensch ist nach christlichem Verständnis mehr als ein Träger von Rollen und Funktionen. In einer Welt, in der die Rollen und die Funktionen immer bedeutsamer werden, steht deshalb das Christentum für den Respekt vor dem ganzen Menschen.

Und die Kirche?

Ich habe vom Wert der Religionsfreundlichkeit des Staates gesprochen. Damit korrespondiert die Politikfreundlichkeit der Kirche. Sie kann zur Fairness in der Einschätzung und Bewertung politischer Möglichkeiten führen. Politik vermag manches. Aber sie beschäftigt sich nicht mit den letzten Dingen. Ihre Verantwortung bezieht sich auf die vorletzten Dinge. Sie ist für die Entwicklung einer Gesellschaft und das Leben der Bürgerinnen und Bürger bedeutsam. Politische Arbeit bleibt, wie alles menschliche Wirken, Stückwerk. Sie kann vor allem nicht da einspringen, wo die Überzeugungskraft der Kirche nachgelassen hat. Allzu oft entsteht der Eindruck, durch Gesetzgebung soll stabilisiert werden, was den Kirchen in ihrer Überzeugungsarbeit nicht mehr gelingt. Dann muss Politik hinter den Ansprüchen und Erwartungen zurückbleiben. Wenn die Antwort der Kirchen auf das tägliche politische Ringen vor allem der Hinweis auf Unvermögen der Politik ist, dann stellt sich der Politiker am besten, der seine Kirchenferne pflegt und maximal noch an alte Messdienerzeiten erinnert. Es ist schon in Ordnung, wie die Kirche ihren politisch tätigen Mitgliedern den Spiegel vorhält. Aber sie sollte die Sachlogik des Politischen nicht verachten. So schlecht ist die nicht.

Und die Wahrheit? Muss die Kirche nicht die Wahrheit verteidigen angesichts des Meers der Beliebigkeit, wie es Papst Benedikt XVI. erklärt?

Selbstverständlich ist die Kirche die Hüterin der Wahrheit. Daraus erwächst ihre Orientierung stiftende Rolle. Wahrheit entscheidet sich nicht an Mehrheit. Die Wahrheiten unseres Glaubens sind nicht verhandelbar, gleichwohl bedürfen sie der Auslegung, wofür die lange theologische Tradition steht. Politik und Kirche streiten nicht über Glaubenswahrheiten. Der Streit geht – wo er stattfindet – über Werte bzw. die richtigen Wege, den Wertgrundlagen politischen Handelns gerecht zu werden. Das gilt für soziale Werte wie Gerechtigkeit und Solidarität ebenso wie die Fragen des Lebensschutzes und die internationale Armutsbekämpfung. Das sind die klassischen Situationen, in denen die Kirche der Politik Orientierung anbietet.

Wie ist das mit dem persönlichen Bekenntnis in der Politik? Ist das zu privat oder nicht? Sprechen Sie im Kabinett darüber?

Natürlich sprechen wir darüber. Auch deshalb, weil wir über Privates sprechen, auch über den Grund unserer Hoffnung. Es wäre komisch, wenn gerade Christdemokraten darüber nicht sprechen würden. Unsere Biografien sind unterschiedlich geprägt. Wer wie ich viele Jahre in der katholischen Kirche engagiert war, von dem ist das dann auch bekannt. Viele von uns halten regelmäßig Bibelarbeiten auf Kirchentagen und Katholikentagen. Politikerinnen und Politiker quer durch die Parteien bekennen sich zu ihrem Glauben auch öffentlich, nicht zuletzt durch den Zusatz im Amtseid „so wahr mir Gott helfe".

Wie viel Privates gehört in die Öffentlichkeit? Gerade über Sie ist wenig bekannt.

Wer im öffentlichen Leben steht, von dem wollen die Bürgerinnen und Bürger auch wissen, wie er

lebt und wovon er überzeugt ist. Ich habe aus
meinen Überzeugungen nie ein Geheimnis
gemacht. Jeder weiß, dass ich ledig bin. Umso
wichtiger sind mir Freundinnen und Freunde, aus
Studienzeiten, aus Berufstagen und über lange
Wegstrecken hinweg. Das sind kostbare Freund-
schaften mit Menschen, für die meine politische
Arbeit Teil meiner Persönlichkeit ist. Freundschaf-
ten, die nicht aus der Politik erwachsen sind und
deshalb über die Politik hinaus Bestand haben.
Übrigens habe ich – entgegen landläufiger Vorstellungen – auch in der Politik Freunde gefunden. Es sind Bindungen, die auf Verlässlichkeit
füreinander gründen, auch in schwierigen Zeiten.

**Wie hat sich Ihr Glaube in den letzten 40 Jahren
verändert?**

Zu meinem Glauben gehört das tiefe Vertrauen in
die Verlässlichkeit Gottes. Als der von mir erwähnte Bernhard Welte im Jahre 1983 starb,
stand in seiner Todesanzeige: „Als mir eng war,
hast du's mir weit gemacht", aus dem Psalm 4.
Das hat mich schon damals sehr bewegt. In dieser Psalmzeile fand und finde ich viel wieder von
dem, was meinen Glauben prägt. Was hat sich in
den letzten 40 Jahren verändert? Das öffentliche
Leben hat mich tiefer erfahren lassen, was innere
Unabhängigkeit bedeutet, die mir mein Glaube
schenkt. Unabhängig sein von Erfolg und Misser-
folg ist ein großes Geschenk, macht gelassen und
bewahrt vor Zynismus. Politik hat mich Demut
gelehrt und Respekt vor den Leistungen anderer.
Meine Zeit in der Politik ist gewiss die intensivste

Zeit meines beruflichen Lebens. Die im Blick auf mein Glaubensleben anregendste Zeit waren die Jahre im Cusanuswerk. Ich habe viele junge Studierende kennengelernt, die als junge Christen so verschiedene Wege gegangen sind, die sich bemüht haben, ihrem Christsein gerecht zu werden. Karwochen-Exerzitien gehören zu meinen tiefsten und nachhaltigsten Erfahrungen für mein Glaubensleben. Sie prägen bis heute meine Einstellung zur Karwoche und zu Ostern. Damals ist das Fundament gelegt worden, von dem ich bis heute zehre.

Was ist Ihnen heilig in Ihrer Kirche?
Mein Kirchenbild ist geprägt vom Zweiten Vatikanischen Konzil. Das ist das Selbstverständnis einer Kirche, die Abschied nimmt von der societas perfecta und sich als „pilgerndes Volk" unterwegs versteht. Das hat ihr auch manchen Schutz genommen, sie angreifbar gemacht und zu vielen internen Debatten geführt. Die katholische Kirche hat ernst gemacht mit dem, was Papst Johannes Paul II. in den Satz gebracht hat: „Der Weg der Kirche ist der Mensch." In solchem Selbstverständnis fühle ich mich der Kirche besonders verbunden. Heilig ist mir in dieser Kirche die Botschaft, die ihr anvertraut ist. Die Botschaft von Tod und Auferstehung Christi und das Zeugnis der großen Geschichte der Kirche. Umso mehr ärgert mich Kleinmut in der Kirche, Unbarmherzigkeit und Ängstlichkeit vor der Zukunft und vor der Freiheit. Manchmal denke ich, sie traut ihrer eigenen Lehre nicht. Sie macht Gott kleiner, als er ist.

Können Sie trotz der aktuellen Krise ein Loblied singen auf Ihre Kirche, auch auf Priester und Bischöfe? Wie wird die Kirche sich weiterentwickeln?

Von Prälat Bernhard Hanssler stammt aus den 50er Jahren der Satz: „Die Kirche ist in einer Metamorphose. Niemand kennt das Ergebnis." Das Bild finde ich gut. Es lehrt die Kirche und ihre Kritiker Demut. Auch Krisenzeiten dürfen uns

Im Juni 1996 traf Papst Johannes Paul II. in Berlin mit Vertretern des Zentralkomitees der deutschen Katholiken (ZdK) zusammen. Dabei waren auch ZdK-Vizepräsidentin Annette Schavan, damals baden-württembergische Kultusministerin, sowie der Präsident des ZdK, Hans Joachim Meyer, und Rita Waschbüsch.

nicht den Blick verstellen auf große, kulturprägende Leistungen des Christentums, auf überzeugende Priester und Bischöfe, deren innere Festigkeit sie aufmerksame Hirten sein lässt. Zugleich gilt: In den letzten Wochen und Monaten war angesichts der Fälle von Missbrauch und Verfehlungen von Amtsträgern die Rede von dringend notwendigen, auch strukturellen Reformen. Hat die Kirche die Kraft dazu? Manchmal scheint es so, als warte mancher darauf, dass bald alles wieder wie früher ist. Das ist ein Trugschluss. Gerade die, die der Kirche nahestehen, warten auf mutige Schritte. Gemeindestrukturreformen, die Priestern sechs Gemeinden zuordnen, überfordern diese Priester immer mehr. Der Priestermangel wird allzu leicht weggeredet, in dem man ihn ins Verhältnis setzt zu weniger gewordenen aktiven Katholiken und Kirchgängern. Das Amt wird nicht weiterentwickelt. Den Frauen wird die Kirche immer noch nicht gerecht. Der Ärger über vieles lenkt ab von der Botschaft. Alles schaut auf Rom. Von Protestanten höre ich manchmal, dass wir doch glücklich sein könnten darüber, dass es Rom und den Papst gebe. Das könnten wir wirklich. Und es stimmt ganz gewiss auch, dass wir nicht erwarten sollten, dass eine Weltkirche sich ausrichtet an den Erwartungen aus Deutschland. Sie ist Weltkirche. Aber gerade deshalb müsste es im Vatikan professioneller zugehen.

Ihr Traum?

Die alte Mutter Kirche hört auf, sich selbst leidzutun. Sie entdeckt ihre Schätze und spürt, dass sie der Welt zu viel vorenthält von deren Größe und Schönheit. Sie entdeckt die vielen Talente in der Kirche und lässt Frauen und Männer gleichermaßen wirken. Sie wertet den Zölibat nicht ab, indem sie ihn zur Voraussetzung für das Amt macht. Sie will mehr als eine Institution sein. Sie traut dem einzigartigen Entgegenkommen Gottes in der Zukunft. Sie stärkt die innere Festigkeit ihrer Gläubigen und ermutigt sie zur Gestaltung in Kirche und Gesellschaft. Sie ist selbst wieder davon überzeugt: Gott ist größer, als wir glauben.

Herausgegeben von Volker Resing

Fotos:
S I.:   © Laurence Chaperon, Photographie,
             www.chaperon.de
S. VIII.:   © Felix Kästle
S. 32, 109: © KNA-Bild, Bonn
S. 76:   © Peter Himsel

Bibliografische Information der Deutschen Nationalbibliothek
Die Deutsche Nationalbibliothek verzeichnet diese Publikation in der
Deutschen Nationalbibliografie;
detaillierte bibliografische Daten sind im Internet über
http//dnd.d-nb.de abrufbar.

Besuchen Sie uns im Internet:
www.st-benno.de

ISBN 978-3-7462-2909-6

© St Benno-Verlag GmbH
Stammerstr. 11, 04159 Leipzig
Umschlaggestaltung: Ulrike Vetter, Leipzig
Umschlagabbildung: © picture-alliance/dpa-Report/Bernd Kühler
Gesamtherstellung: Kontext, Lemsel (A)